Josef Ulbrich

Die rechtliche Natur der österreichisch-ungarischen Monarchie

Josef Ulbrich

Die rechtliche Natur der österreichisch-ungarischen Monarchie

ISBN/EAN: 9783743378414

Hergestellt in Europa, USA, Kanada, Australien, Japan

Cover: Foto ©ninafisch / pixelio.de

Manufactured and distributed by brebook publishing software (www.brebook.com)

Josef Ulbrich

Die rechtliche Natur der österreichisch-ungarischen Monarchie

DIE

RECHTLICHE NATUR

der

österreichisch-ungarischen Monarchie

Dr. JOSEF ULBRICH,

Privatdocent des allgemeinen und österreichischen Staatsrechtes an der Prager Universität.

PRAG 1879.

Verlag von H. Dominicus.

INHALTS-VERZEICHNISS.

Seite

Einleitung 1

I. Vorbegriffe des allgemeinen Staatsrechtes.

1. Personalunion. 2. Realunion. 3. Staatenbund. 4 Bundesstaat . 2

II. Zur Entstehungsgeschichte der österr.-ung. Monarchie.

1. Die Ostmark und ihr Zuwachs als Reichsland. 2. Personalunion mit Böhmen und Ungarn. 3. Entwicklung der österreichischen Gesammtstaatsidee. 4 Die pragmatische Sanction. 5. Dualismus zwischen Oesterreich und Ungarn. 6. Neuere Verfassungsgeschichte. 7. Der ungarische Verfassungsstaat 15

III. Der Verfassungsstaat der Gegenwart.

1. Gesammtstaatstheorie Bidermann. 2. Oesterreich-Ungarn als Realunion. 3. Der österreichische Staatskörper. 4. Die Länder der ungarischen Krone 49

Anhang 68

Staatsrechtliche Erörterungen sind vielleicht von geringerem unmittelbar practischen Interesse; desto grösser aber ist ihr theoretischer Reiz, der sich mit den Schwierigkeiten steigert, welche die Gedankenarbeit auf diesem Gebiete zu überwinden hat. Diese Erwägung mag es rechtfertigen, wenn wir uns in den folgenden Erörterungen in die höchsten Regionen des Staatslebens begeben, um über die **rechtliche Natur** des Staates [1]) dem wir angehören, im Wege rein juristischen Denkens eine von dem Gewoge der Parteimeinung unabhängige, gegenüber den flüchtigen und unfertigen Ansichten des Tages vertiefte Auffassung zu erlangen. Alle Wissenschaften haben in letzter Reihe die Bearbeitung und Reinigung der Begriffe des gemeinen Gedankenkreises zum Gegenstande; in erhöhtem Maasse aber haben die Staatswissenschaften die Aufgabe, Begriffe und Meinungen zu prüfen, zu sichten und zu klären, in der Regel zu berichtigen und vielfach auch abzulehnen, welche durch eine flüchtige Tagesliteratur verbreitet werden.

Der gewählte Titel des Aufsatzes könnte auf den ersten Blick Anstoss erregen, denn er bedeutet, dass die rechtliche Natur der österr.-ungarischen Monarchie in derselben Weise untersucht werden soll, wie man andere Gebilde des Rechtslebens anatomisirt und analysirt. Allein dieses Befremden muss bei der Erwägung schwinden, dass ja das Recht ein Gebilde ist, welches den ganzen Gliedbau des äusseren gesellschaftlichen

---

[1]) In der neuesten Zeit sind über diesen Gegenstand zwei Schriften erschienen: H. B i d e r m a n n. Die rechtliche Natur der österr.-ungarischen Monarchie. Vortrag in der Wiener juristischen Gesellschaft 1877; dann Fr. v. J u r a s c h e k, Personal- und Realunion 1878.

Zusammenlebens und daher die allgemeinsten wie die individuellsten, die wichtigsten wie die geringfügigsten Lebensverhältnisse und Interessen umfasst.

Das gewählte Thema erfordert zunächst die Revision einiger Grundbegriffe des allgemeinen Staatsrechts, unter die man concrete Staatengebilde zu subsumiren pflegt, sowie die Erörterung der wichtigsten Thatsachen aus der Entstehungsgeschichte der Monarchie nach ihrem juristischen Gehalte und ihren Wirkungen. Daran wird sich die Analyse des Rechtszustandes der Gegenwart zu reihen haben.

I. Vorbegriffe des allgemeinen Staatsrechts.

I. Die Geschichte zeigt mehrfache Beispiele, dass Einzelnstaaten mit einander mehr oder minder innige, dauernde oder vorübergehende Verbindungen eingegangen sind. Man versucht diese verschiedenen Staatenverbindungen unter die Begriffe Personal- und Realunion, Staatenbund und Bundesstaat zu bringen, — freilich unter Begriffe schwankenden Inhaltes und Umfanges, die einer tieferen Auffassung nicht unbedeutende Schwierigkeiten entgegenstellen. Es mag vor Erörterung dieser Begriffe bemerkt werden, dass die Behandlung staatsrechtlicher Verhältnisse allerdings ihren besonderen Gedankengang erfordert, der mit civilistischen Begriffen nicht operiren darf, dass aber das Staatsrecht gewisse juristische Elementarbegriffe mit dem Civilrechte gemeinsam hat, so dass es zuweit gegangen wäre, wenn man der Verwerthung dieser Begriffe für staatsrechtliche Constructionen den Vorwurf privatrechtlicher Behandlungsweise machen würde.[2]) So bedarf z. B. das Staatsrecht den Begriff der

---

[2]) Mit Recht bemerkt Laband in der Vorrede seines klassischen Werkes: „Staatsrecht des deutschen Reiches" Seite 7, „dass auf dem Gebiete des Staatsrechts zahlreiche Begriffe wiederkehren, welche ihre wissenschaftliche Feststellung und Durchbildung zwar in dem Gebiete des Privatrechts gefunden haben, die aber ihrem Wesen nach nicht Begriffe des Privatrechts, sondern allgemeine Begriffe des Rechts sind. Nur müssen sie allerdings von specifisch privatrechtlichen Merkmalen gereinigt werden. Die einfache Uebertragung civilrechtlicher Begriffe und Regeln auf staatsrechtliche Verhältnisse ist der richtigen Erkenntniss derselben gewiss nicht förderlich, die „civilistische" Behandlung des Staatsrechtes ist eine verkehrte. Aber unter der Verurtheilung der civilistischen Methode versteckt sich oft die Abneigung gegen die juristische Behandlung des Staatsrechts und indem man die Privatrechtsbegriffe vermeiden will, verstösst man die Rechtsbegriffe überhaupt, um sie durch philosophische und politische Betrachtungen zu ersetzen.

juristischen Person, da der Staat eine über den Einzelnen stehende Ordnung ist, die ihren Stützpunkt in dem herrschenden Staatswillen findet. Als Person handelt der Staat wie eine physische Persönlichkeit, er lässt durch seine Organe Geschäfte factischer Natur besorgen, er nimmt aber auch einseitige Willenserklärungen juristischen Inhaltes vor und schliesst Rechtsgeschäfte ab. Als juristische Person bedarf der Staat eines von Natur willens- und handlungsfähigen Trägers der Souverainität, als der in monarchischen Staaten der Monarch erscheint. Als Personen können die Einzelnstaaten zu einander in Rechtsverhältnisse treten und es kann aus einer dauernden Verbindung mehrerer Staaten ein neues Rechtssubject hervorgehen.

Zunächst sind jene Staatsverbindungen zu untersuchen, die man mit den Nominalbegriffen *Personal- und Realunion* bezeichnet. Das gemeinsame Merkmal dieser beiden Arten von Staatenverbindungen ist, dass in mehreren Staaten eine und dieselbe physische Person Träger der Staatsgewalt ist. Es haben somit zwei oder mehrere Staaten gleichzeitig eine und dieselbe physische Person zum Souverain, d. h. ein und dieselbe physische Person ist gleichzeitig Monarch in zwei oder mehreren Staaten und verbindet somit in sich mehrere Staatsgewalten und mehrere Herrscherpersönlichkeiten. Man nennt daher diese Union der Staaten eine unio civitatum jure imperii, id est sub eodem imperante.

Diese Union ist nun **Personalunion**, wenn dieselbe nur durch die im rechtlichen Sinne **zufällige** Gemeinsamkeit des Staatsoberhauptes der uuirten Staaten begründet wird. Die Personalunion ist somit dadurch gegeben, dass zufällig die juristischen Thatsachen, auf denen das Successionsrecht beruht, in den beiden oder mehreren Staaten eine und dieselbe Person zur Nachfolge berufen, ohne dass sich damit die rechtliche Ueberzeugung verbindet, dass diese Union länger zu dauern habe, als die juristischen Thatsachen wirksam sind, die in ihrem Zusammentreffen die Cumulation der Monarchenrechte in einer Hand herbeigeführt haben. Es beruht somit diese Art der Union nicht auf einer grundgesetzlichen Bestimmung, dass die beiden durch die gemeinsame Herrscherpersönlichkeit verbundenen Staaten nothwendiger Weise unirt bleiben sollen; ebenso wenig verbindet sich damit der Gedanke, dass diese Verbindung ewig oder wenigstens für eine solche Dauer vereinbart sein solle, dass nach menschlicher Voraussicht die Lösung dieser Verbindung nicht zu erwarten steht.

Als Entstehungsgründe der Personalunion führt man an: a) die Wahl einer und derselben Person zum Monarchen zweier Staaten beziehungsweise die Wahl des Monarchen eines Erbstaates zum Monarchen des zweiten Staates, ohne dass derselbe durch die Wahl seine bisherige Stellung verliert. Der gleiche Fall ist vorhanden, wenn der Thronfolger eines Staates zum Monarchen des zweiten Staates berufen wird, und dann in seinem angestammten Erbstaate succedirt. b) die Erwerbung eines Staates oder Territoriums durch den Monarchen eines andern Staates kraft eines völkerrechtlichen Actes, wobei die Selbstständigkeit des erworbenen Staates aufrecht erhalten, beziehungsweise das erworbene Territorium als selbstständiger Staat constituirt wird. Ein Beispiel hierfür bietet die Erwerbung des Herzogthums Lauenburg durch den König von Preussen kraft des Gasteiner Vertrages vom 14. August 1865 und des Occupationspatentes vom 13. September 1865, wobei die Selbstständigkeit dieses Herzogthums und seine Verfassung erhalten blieb. c) wenn in zwei Staaten verschiedene Linien eines und desselben Geschlechtes zur Thronfolge berufen sind und nach dem Erlöschen der einen Linie kraft der bestehenden Successionsordnung die verwandte Herrscherlinie des andern Staates zur Succesion berufen wird. Auf diese Weise war Hannover und Grossbrittanien während der Jahre 1714—1837 durch Personalunion verbunden.

Andererseits erlischt die Personalunion *ipso jure*, sobald durch die in beiden Staaten selbstständig wirkenden juristischen Thatsachen die Cumulation der Staatsgewalten in einer Person wieder aufgehoben wird; wenn also a) nach Wegfall des bisherigen gemeinsamen Trägers der Staatsgewalt die Wahl oder die Successionsordnung in beiden Staaten zwei verschiedene Nachfolger beruft, oder b) wenn das Monarchenrecht nur in dem einen Staate durch Entsagung erlischt und sich daher dieser Staat einen neuen Träger seiner Staatsgewalt suchen muss.

Es ist daher im Allgemeinen richtig, wenn die Personalunion als eine Vereinigung erklärt wird, welche durch das zufällige Zusammentreffen der Successionsgesetze mehrerer Staaten entsteht und wenn man dieselbe als eine vorübergehende Verbindung betrachtet. Factisch kann allerdings die Verbindung lange währen, weil in beiden Staaten die zur Succession berufenden Thatsachen immer wieder einer und derselben Person die Staatsgewalt übertragen; es mag sich damit die Ueberzeugung verbinden, dass diese Verbindung der Staaten wünschenswerth, oder sogar politisch nothwendig sei, ja man mag selbst die Successionsordnung in beiden Staaten so einrichten, dass in beiden Monarchien die Nachfolge immer ein und dasselbe Subject treffe, — alle diese Momente ändern Nichts an dem rechtlichen Charakter der Personalunion.

Die so unirten Staaten stehen sich als vollkommen souveraine Staaten gegenüber; jeder hat seine eigene Staatsgewalt mit ihren eigenthümlichen Objecten und Functionen; die beiderseitigen Unterthanen sind beiderseits Fremde; zwischen beiden Staaten bestehen nur völkerrechtliche Beziehungen.

Allerdings ist aber ungeachtet dieses Mangels rechtlicher Gemeinsamkeit nicht ausgeschlossen, dass in den unirten Staaten factisch eine mehr oder minder grosse Summe gemeinsamer Einrichtungen bestehe. Es wird diess namentlich auf jenen Gebieten der Fall sein, wo der persönliche Wille des Monarchen allein entscheidend ist. Es wird also ganz gut denkbar sein, dass der Monarch nur einen Hofstaat habe, dass sich ein gemeinsames Ordenswesen ausbilde, dass reciproke Adelsverleihungen stattfinden, die Militärmacht nach gleichen Grundsätzen organisirt werde, die äussere Vertretung durch gemeinsame Gesandte stattfinde und ein geheimer Rath aus Angehörigen beider Staaten gebildet werde. Die Personalunion kann auch Veranlassung werden, dass in beiden Staaten materiell übereinstimmende Rechtsnormen erlassen, die Verwaltung auf gleichen Fuss gesetzt und die beiderseitigen Staatsangehörigen zu öffentlichen Aemtern zugelassen werden. Diese Erscheinungen bilden den Schlüssel zum Verständnisse der Bildung derjenigen Staaten, welche aus dem Zusammenwachsen mehrerer durch Personalunion verbundener Territorien entstanden sind. So bemerkt Hermann Schulze über die Bildung des Staates Preussen (Staatsrecht I. S. 47) treffend: Alle (unter dem grossen Kurfürsten) vereinigten Fürstenthümer hatten ihre besonderen Verfassungen, welche dem Landesherrn meist nur sehr beschränkte Machtbefugnisse einräumten. Es fehlte an allen gemeinsamen staatlichen Institutionen, der Brandenburger war in Preussen ein Ausländer, während man in den Marken wiederum dem Rheinländer aus Kleve oder dem Westphalen aus Minden das Indigenat absprach. Der vereinigende Mittelpunkt aller dieser Länder und Menschen war nur der Landesherr; er allein konnte den festen Krystallisationspunkt des werdenden Staates bilden. Der staatliche Neubau konnte nur auf monarchischer Grundlage erfolgen. Die Herstellung der Staatseinheit musste mit einem Kampfe gegen den provinziellen Particularismus der Landesstände beginnen. Ihre Alles überwuchernden Privilegien mussten so weit beschränkt werden, als sie der nothwendigen Staatseinheit im Wege standen. Auf drei Dinge gründete der Kurfürst sein neues System: auf Einheit in der Regierung, auf Ordnung in den Finanzen und auf Organisation der Armee."

II. Im Gegensatze zu der Personalunion bedeutet die Realunion die grundgesetzliche und fortdauernde Vereinigung der Staaten selbst, so dass die Aufhebung dieser Verbindung die in verfassungsmässiger Form ausgesprochene Zustimmung beider Staaten in den sie hiebei rechtlich repräsentirenden Organen erfordert. Damit sind die unterscheidenden Merkmale von der Personalunion gegeben. Bei dieser zufällige sich jederzeit von selbst lösende Verbindung, bei der Realunion dagegen rechtliche Nothwendigkeit einer (wenigstens regelmässig) als unlösbar erklärten Verbindung; — bei der Personalunion zufällige Gemeinsamkeit des persönlichen Trägers der Staatsgewalt, bei der Realunion dagegen grundgesetzliche Gemeinsamkeit der Person des Monarchen und möglicher Weise noch anderer Organe der Staatsgewalt. Dagegen wäre es verfehlt, den Differenzpunkt zwischen Personal- und Realunion in der grössern oder geringern Gemeinsamkeit oder Uebereinstimmung der staatlichen Einrichtungen zu suchen und dort von Personalunion zu reden, wo diese Gemeinsamkeit oder Uebereinstimmung mangelt oder geringfügig ist, — die grössere Summe übereinstimmender oder gemeinsamer Einrichtungen dagegen mit dem Namen Realunion zu bezeichnen. Die Realunion hebt die staatsrechtliche und administrative Selbstständigkeit der unirten Staaten nicht auf und kann daher bei vollständiger Verschiedenheit der Verfassung, Gesetzgebung und Verwaltung dennoch bestehen.

Soll aber die Realunion entstehen und bestehen, so muss allerdings an ein rechtliches Interesse gedacht werden, welches die verbundenen Staaten an dieser Union haben, und welches seinen Schutz in der Heiligkeit und Integrität der die Realunion verbürgenden beiderseitigen Staatsgrundgesetze findet. Dieses Interesse wird zunächst in der Verstärkung der äussern Staatsmacht zu suchen sein; denn es wird nicht ausbleiben, dass sich das Ausland gewöhnt, die unirten Staaten als einen Gesammtstaat, d. h. als eine in politischer Einheit verbundene Gesammtmacht aufzufassen, ohne weiter nach der innern Verschiedenheit der unirten Staaten zu fragen.

Durch die Realunion soll somit die Erreichung des äussern Machtzweckes der unirten Staaten gefördert und die Erhaltung der äussern Unabhängigkeit und Integrität des Gesammtgebietes erleichtert werden. Diesem gemeinsamen Zwecke werden gemeinsame Mittel gewidmet, diess bewirkt die Bestimmung einer gemeinsamen Wehrkraft zur gemeinsamen und simultanen Vertheidigung des Gesammtgebietes und die gemeinsame Widmung der hiezu erforderlichen ökonomischen Mittel. Es ist jedoch nicht ausgeschlossen, dass dieses Gebiet gemeinsam zu schützender Interessen sich auch auf andere Gebiete des Staatslebens beziehe, wie es denn überhaupt nicht angeht, positiv bestehende Staatengebilde in Schulbegriffe einzuzwängen, da diese nur die allgemeinen Umrisse bezeichnen können, innerhalb welcher sich die in der Wirklichkeit gegebenen Staaten in mancherlei Nuancen und Mischungen bewegen. Soviel aber steht fest, dass die Begriffsmomente der Realunion einem doppelten Gesichtspunkte zu entlehnen sind: Der Gemeinsamkeit der Organe und der Gemeinsamkeit gewisser Interressen.

In monarchischen Staaten sind Organe der Staatsgewalt der Monarch, die als anstaltliche Glieder des Staates erscheinenden Staatsämter und die Volksvertretung. Die Gemeinsamkeit der Organe in der Realunion beginnt allerdings bei der Person des Monarchen. Da auch bei der Realunion die unirten Staaten ihre staatsrechtliche Selbstständigkeit beibehalten, so repräsentirt die Herrscherpersönlichkeit mehrere Subjecte der Staatsgewalt. Jeder der beiden unirten Staaten hat einen selbstständigen Staatswillen und wo ein einheitlicher Wille beider Staaten auftritt, liegt nicht die Aeusserung eines von dem Staatswillen der unirten Staaten verschiedenen Gesammtstaatswillens, sondern nur die materiell übereinstimmende Willensäusserung mehrerer Staatsgewalten vor. Nur eine oberflächliche Beobachtung vermöchte hier einen Gesammtstaatswillen erkennen und könnte zu dieser Auffassung nur dadurch verleitet werden, dass der gemeinsame Monarch, somit Eine physische Person Willensträger ist, was allerdings den Schein der Willenseinheit erzeugt.

Die Wahrung der durch die Realunion gegebenen gemeinsamen Interessen erfordert aber die Herstellung solcher Einrichtungen, wodurch auf den die Realunion berührenden Gebieten die Möglichkeit einer materiell übereinstimmenden Willensrichtung beider Staaten gesichert wird. Hängt die Bildung des Staatswillens in beiden Staaten von dem persönlichen Willen des Monarchen allein ab, so bietet dieses keine weiteren Schwierigkeiten. Ebenso stellt sich die Sache einfach, wenn in dem einen Staate der absolute Wille des Monarchen gilt, in dem andern dagegen Landstände oder eine wirkliche Volksvertretung vorhanden sind. Sind dagegen in beiden Staaten Repräsentativkörper vorhanden, so bedarf es in dieser Sphäre gewisser Medien, um eine materielle Uebereinstimmung der zu dem Willen des Monarchen hinzutretenden Beschlüsse zu erzielen. Ebenso führt die Gemeinsamkeit der Interessen auch zu gemeinsamen Verwaltungsorganen, wobei die moderne Ministerialverwaltung eine besondere staatsrechtliche Bedachtnahme erheischt. Im Lehens- und Patrimonialstaate sind die landesfürstlichen Beamten blosse Gehilfen des Landesherren, die in der fürstlichen Kanzlei Verwaltungsgeschäfte besorgen helfen. Ihre Mitwirkung beruht nur auf dem freien Willen des Landesherrn und der factischen Nothwendigkeit, das sich immer mehr anhäufenden Detail der Regierungsgeschäfte durch Gehilfen besorgen zu lassen. Im modernen Staate werden einzelne Staatsämter zu anstaltlichen Gliedern des Staates, so dass der Monarch an die Mitwirkung derselben rechtlich gebunden ist und sein Wille erst dadurch zum vollen Staatswillen ergänzt wird. Aus diesen Gründen werden die für die gemeinsamen Aufgaben der unirten Staaten vorgefundenen oder geschaffenen Verwaltungsorgane eine besondere staatsrechtliche Stellung erlangen. Es kann somit die Realunion Veranlassung werden, dass auch gemeinsame Staatsämter gebildet werden.

Wir können die Erörterung des Begriffes der Realunion nicht abschliessen, ohne des Unterschiedes derselben von der sog. unio inaequalis, der Incorporation und der unio per suppressionem zu gedenken.

Die unio inaequalis besteht in dem Verhältnisse eines oberherrlichen Hauptstaates gegenüber einem nebenstaatlichen Annexe. Während die eigentliche Realunion die Gleichberechtigung und Selbstständigkeit beider unirten Staaten voraussetzt, spielt bei der unio inaequalis der eine Staat die Rolle eines Hauptstaates, dem gegenüber die Nebenländer (partes annexae) nur eine relative Selbstständigkeit besitzen.

Bei der Incorporation verliert der eine Staat seine Existenz, um Theil eines andern Staates zu werden, bei der unio per suppressionem entsteht aus einer Mehrheit als Individuen untergehender Staaten ein neuer Staat. Das Königreich Hannover, das Kurfürstenthum Hessen, das Herzogthum Nassau, die freie Stadt Frankfurt a. M. wurden der preussischen Monarchie einverleibt, das Königreich Italien verdankt seinen Ursprung der Vernichtung der einzelnen Staaten der apenninischen Halbinsel.

III. Es wird nach dieser Erörterung nicht allzuschwer werden, das Wesen der beiden andern Arten von Staatenverbindungen: des Staatenbundes und Bundesstaates zu charakterisieren.

Den Unterschied zwischen Staatenbund und Bundesstaat hat Laband (Staatsrecht des deutschen Reiches I. S. 57) kurz und treffend dahin ausgedrückt: Der Staatenbund ist ein Rechtsverhältniss unter Staaten, also kein Rechtssubject, der Bundesstaat dagegen als organisirte Einheit mehrerer Staaten eine juristische Person, also kein Rechtsverhältniss.

Der Staatenbund ist ein dauerndes Societätsverhältniss mehrerer nicht schon durch Realunion verbundener souverainer Staaten zur Erreichung eines gemeinsamen Zweckes, beruhend auf einer vertragsmässigen Einigung der unirten Staaten. Es liegen somit im Begriffe des Staatenbundes folgende Momente:

a) ein **gemeinsamer Zweck**, zu dessen Erreichung sich die Staaten als Personen mit ihren Mitteln und Kräften vereinigen. Dieser Zweck kann eine mehr oder minder umfassende Gemeinsamkeit zum Gegenstande haben. Derselbe kann z. B. in der Bewahrung der Unabhängigkeit und Unverletzlichkeit der einzelnen Staaten liegen (Art. II. der deutschen Bundesakte) — oder in der Förderung des Handels und Verkehrs (deutscher Zollverein).

b) die einzelnen Staaten treten als **souveraine Elemente** der Societät in dieselbe ein und behalten diese Souverainität und Unabhängigkeit auch im Staatenbunde, in soweit nicht durch den Societätsvertrag ein der Verfügung der einzelnen Staaten unzugängliches höheres Recht festgesetzt wird. So enthielt z. B. die deutsche Bundesakte bundesrechtliche Schranken der Staatsgewalt der Einzelnstaaten in Betreff des rechtlichen Charakters der Staatsverfassung (Art. XIII.), der äussern Verhältnisse der Bundesstaaten (Art. XI.) und des Rechtszustandes der Unterthanen und einzelner Standesklassen (XII. XVI. XIII. XIV.).

c) Die sog. Bundesgewalt hat nicht den Charakter einer herrschenden Staatsgewalt, sondern einer aus den Einzelnwillen der Bundesglieder componirten, **vertragsmässig constituirten Societätsgewalt**. Es streitet daher im Zweifel die Vermuthung immer gegen die Competenz derselben und jede Erweiterung der Competenz erfordert einen neuen Vertrag unter Zustimmung sämmtlicher Betheiligten. So heisst es im Art. 3 der Wiener Schlussakte: „Der Umfang und die Schranken, welche der Bund seiner Wirksamkeit vorgezeichnet hat, sind in der Bundesakte bestimmt, die der Grundvertrag und das Grundgesetz dieses **Vereins** ist. Indem dasselbe den Zweck des Bundes ausspricht, bedingt und begrenzt sie zugleich dessen Befugnisse und Verpflichtungen." Art. 18 der Wiener Schlussakte verlangt für die Annahme neuer Grundsätze oder Abänderung der bestehenden und für Aufnahme neuer Mitglieder in den Bund die freie Zustimmung sämmtlicher Betheiligten. Ebenso stand nach dem Zollvereinsvertrage vom 8. Juli 1867 für den

Fall, als die Zuständigkeit der Vereinsorgane weiter ausgedehnt werden soll, als sie in dem Vereinsvertrage begründet ist, jedem Mitgliede ein Veto zu.

Aus dem Begriffe der blossen Societätsgewalt ergibt sich weiter, dass jeder Staat als solcher an den Bundesbeschlüssen seinen Antheil haben muss. Sofern zur Fassung eines Societätswillens eine collegiale Behörde, z. B ein Bundesrath, eine Bundesversammlung geschaffen wird, müssen in derselben alle Bundesstaaten einzeln oder durch Collectivstimmen vertreten sein. Die Vertreter der einzelnen Staaten in dieser Bundesbehörde sind nur Mandatare der Einzelnstaaten, die für jede einzelne Sache besonders instruirt, in ihren Vollmachten limitirt und nach Belieben zu jeder Zeit abgerufen werden können. Es ist nicht ausgeschlossen, dass den Vertretern der Staaten ein Parlament zur Seite gestellt wird. Dasselbe ist jedoch nicht eine Vertretung eines in einem Gesammtstaate vereinigten Volkes, sondern eine Summe von Delegirten aus den einzelnen Bundesstaaten.

Endlich ergibt sich aus dem Wesen des Bundesstaates als blossen Societätsverhältnisses unter den verbündeten Staaten, dass die Societätsbeschlüsse nur Vereinbarungen unter den Bundesgenossen sind, die nach ihrer juristischen Natur nur die Staaten als Contrahenten niemals aber an und für sich auch die einzelnen Unterthanen verpflichten können. Diese Beschlüsse erzeugen immer nur völkerrechtliche Befugnisse und Verbindlichkeiten, enthalten aber niemals directe Gesetzesbefehle an die Unterthanen. Bundesbeschlüsse werden gleich Staatsverträgen innerhalb der einzelnen im Bunde stehenden Staaten erst durch die Kundmachung und den Befehl des Staates, den Inhalt des Bundesbeschlusses als bindende Vorschrift anzusehen, zu Gesetzen.

d) Die innere Organisation des Bundes kann so verschieden sein, wie die einer Societät. Es ist ebenso wie in einer privatrechtlichen Societät möglich, dass nur einer oder einige der verbündeten Staaten mit der Geschäftsführung beauftragt werden; und ebenso kann die Zahl der Stimmen in dem gemeinschaftlichen Rathe nicht nach Köpfen, sondern nach Verhältniss des Gebietsumfanges, der Bevölkerung und der politischen Bedeutung der einzelnen Staaten vertheilt sein.

IV. Im Gegensatze zum Staatenbunde ist der Bundesstaat die Verbindung mehrerer Einzelnstaaten zu einem den Einzelnstaaten übergeordneten politischen Gemeinwesen mit selbstständiger juristischer Persönlichkeit. Wie bei einer privatrechtlichen Corporation die einzelnen Mitglieder die Träger einer selbstständigen ideellen Gesammtpersönlichkeit sind, die Etwas sowohl von jedem einzelnen Mitgliede als von der blossen Summe derselben Verschiedenes ist, ebenso erhebt sich der Bundesstaat, das Reich als selbstständiger Organismus mit einer selbstständigen Willensmacht und Willenssphäre über den Einzelnstaaten.

Für die Erfassung des Wesens des Bundesstaates wird zunächst daran festzuhalten sein, dass in demselben die dem Staate zufallenden Aufgaben unter den Gesammtstaat und unter die Einzelnstaaten vertheilt sind. „Für den Bundesstaat wird also zunächst erfordert, dass ein bestimmter Theil des staatlichen Lebens gemeinsam, ein anderer eben so bestimmter den einzelnen Gliedern überlassen ist." (Waitz Politik S. 164). — Dabei ist das Wesentliche, dass jeder Theil, d. h. der Gesammtstaat einerseits und jeder einzelne Gliedstaat andererseits wirklich Staat, somit Subject von Hoheitsrechten und obrigkeitlichen Befugnissen ist, — wobei natürlich die beiderseitige Rechtssphäre abzugrenzen ist.

Als weiteres Begriffsmoment des Bundesstaates führt man die Theilung der Souverainität zwischen Gesammtstaat und den Einzelnstaaten an. So bemerkt Tocqueville von der Bundesgewalt der vereinigten Staaten: „L' union telle qu'on l'a constituée en 1789 n'a, il est vrai, qu'une souveraineté restreinte; mais on a voulu que dans ce cercle elle ne formât qu'un seule et même peuple. Dans ce cercle elle est souverain." Art. 3 der Schweizer Bundesverfassung vom 29. Mai 1874 sagt: „Die Cantone sind souverain, soweit ihre Souverainität nicht durch die Bundesverfassung beschränkt ist und üben als solche alle Rechte aus, welche nicht der Bundesgewalt übertragen sind." Ungeachtet dieser Aussprüche der Theorie und des geltenden Rechtes erscheint es als eine unlösbare contradictio in adiecto, von einer Theilung der Souverainität zwischen Centralgewalt und Einzelnstaat zu reden; denn Souverainität ist die Eigenschaft der Staatsgewalt, auf ihrem Territorium die höchste, nur durch sich selbst bestimmte Gewalt zu sein. Aus diesem Widerspruche führt nur das Aufgeben der Theorie der getheilten Souverainität heraus. Würde man nun im Bundesstaat die Souverainität den Einzelnstaaten zuschreiben, so würde man über den blossen Staatenbund nicht hinauskommen; es erübrigt daher Nichts, als die Souverainität der Centralgewalt allein zuzuschreiben und das Zugeständniss zu machen, dass die Einzelnstaaten durch die souveraine Centralgewalt mediatisirt sind. Der Kernpunkt der Souverainität des Bundesstaates liegt nun aber darin, dass die Staatsgewalt desselben in den verfassungsmässigen Formen in endgiltiger, entscheidender Weise seine Competenz bestimmt und dieselbe gegenüber der Rechtssphäre der Einzelnstaaten erweitern kann. Es weisen somit nicht die Einzelnstaaten durch ihren Willen dem Bunde die Grenzen seiner staatlichen Befugnisse zu, sondern sie empfangen umgekehrt von der Centralgewalt die rechtliche Begrenzung ihrer Willenssphäre. So kann im deutschen Reiche in Abänderung der Reichsverfassung unter Beobachtung der im Art. 78 enthaltenen Vorschriften die Competenz der Bundesstaatsgewalt jederzeit erweitert und das Gebiet der der ausschliessenden Competenz der Einzelnstaaten überlassenen Gegenstände beschränkt werden. Dasselbe gilt von der schweizerischen Eidgenossenschaft.

Treffend bemerkt H. Schulze (Preussisches Staatsrecht II. Band, S. 787). „Die Centralgewalt und die Gewalt der Einzelnstaaten sind einander **nicht nebengeordnet**, sondern erstere ist der letztern **übergeordnet**. Der Centralgewalt steht nicht nur die **ihr** ausschliesslich zugewiesene Sphäre der Staatsthätigkeit zu, sondern sie hat auch den Beruf, die Thätigkeit der Einzelnstaaten innerhalb der ihnen gebliebenen Sphäre so zu reguliren und zu beeinflussen, dass sie sich nicht mit der Thätigkeit der Centralgewalt in Widerspruch setzt, sondern stets in den Organismus des Gesammtstaates einfügt."

Andererseits bleiben die im Bundesstaate vereinigten Staaten, doch Staaten, die eine selbstständige, nicht von der Centralgewalt abgeleitete Existenz und selbstständige Hoheitsrechte haben. Das Verhältniss der Einzelnstaaten zum Gesammtstaate bewegt sich somit überhaupt in einer dreifachen Richtung. Für gewisse Hoheitsrechte, z. B. die äussere Repräsentativgewalt, die Militärhoheit sind die Einzelnstaaten ausser Function gesetzt, der Bundesstaat erfüllt seine Aufgaben direct und mit einigen Mitteln. Für einen zweiten Theil der staatlichen Aufgabe ist zwar die souveraine Gesetzgebung des Gesammtstaates competent, allein die Vollziehung nach Maassgabe dieser Gesetze mit eigenen Mitteln ist den Einzelnstaaten unter Oberaufsicht des Gesammtstaates überlassen. In einem dritten Kreise von Angelegenheiten endlich sind die Einzelnstaaten weder der Gesetzgebung noch der Oberaufsicht des Gesammtstaates unterworfen. Freilich kann jedes dieser drei Gebiete durch die souveraine Reichsgewalt jederzeit modificirt werden.

Zum Begriffe jedes Staates gehört das Vorhandensein der natürlichen Elemente, des Staatsgebietes und des Volkes. Diese beiden Begriffselemente können dem Bundesstaate, soll er Staat sein, nicht fehlen.

Das **Bundesgebiet** als räumlicher Machtbereich des Bundesstaates componirt sich zwar aus den Gebieten aller Einzelnstaaten; wie aber der Bundesstaat als juristische Person nicht identisch ist mit der Summe der Einzelnstaaten, so gewinnt auch die Gebietshoheit des Bundesstaates einen selbstständigen Charakter. Der Gesammtstaat hat am Bundesgebiete ein selbstständiges, staatsrechtliches Sachenrecht, dessen Wesen darin liegt, dass der Gesammtstaat innerhalb dieses Geltungsgebietes seiner souverainer Gewalt herrscht und dass das Bundesgebiet das Territorium ist, auf dem die bundesstaatlich geeinigte Nation ihre politischen Institutionen aufbaut.

Ebenso verbindet der Bundesstaat als Nationalband die Gesammtheit aller Staatsbürger der Einzelnstaaten zu einem **Gesammtvolke**; er setzt jeden Einzelnen in ein unmittelbares Verhältniss der Treue und des Gehorsams zum Gesammtstaate, ihn aber andererseits auch wieder zum activem Genossen des Gesammtorganismus erhebend. Ein gemeinsames **Bundesindigenat** (Reichsbürgerrecht) ergibt sich somit gleichfalls aus dem Wesen des Bundesstaates.

II. Zur Entstehungsgeschichte der österr.-ung Monarchie.

I. Die Geschichte und das Staatsrecht behandeln die Entstehungsgeschichte eines concreten Staates nach verschiedenen Gesichtspunkten. Jene zeigt die Entwicklung der staatenbildenden Elemente und entwirrt das Gewebe der friedlichen und kriegerischen Mittel, welche Staaten begründet, erweitert oder vernichtet haben; dieses hebt gewissermassen nur die letzten Ausläufer dieser Thatsachen in ihrer rechtsbegründenden Wirksamkeit hervor. Die juristische Entstehungsgeschichte der österr.-ung. Monarchie, die dem Rechtshistoriker zu schreiben noch überlassen ist, wird sich aber nicht damit begnügen können, die Erwerbstitel der einzelnen Länder äusserlich zusammenzustellen, wie dies beispielsweise Schrötter in seiner zweiten Abhandlung über österr. Staatsrecht thut, sondern wird vielmehr die Thatsachen der i n n e r n Rechtsgeschichte hervorzuheben haben, die aus einem Aggregate verschiedener Länder zur Bildung eines Staates geführt haben.

Vor Allem müssen wir des Umstandes gedenken, dass in den zum deutschen Reiche gehörenden österreichischen Lehensterritorien die Entwicklung der Landeshoheit jener der übrigen deutschen Territorien vorausgeeilt ist. Schon das sog. privilegium minus aus dem Jahre 1156 erklärt die zu einem Herzogthum erhobene Markgrafschaft Oesterreich zu einem erblichen Territorium der Babenberger mit Gestattung der Collateralerbfolge, in welchem der Herzog der oberste Inhaber der Gerichtsgewalt ist. Es hatte sich somit in Oesterreich fast ein volles Jahrhundert früher als in den übrigen deutschen Fürstenthümern die Gerichtsbarkeit zu einem landesherrlichen Rechte abgeschlossen.[3]

---

[3] Et si quod deus avertat dux Austriae sine herede filio decederet, idem ducatus ad seniorem filiam quam reliquerit devolvatur. Inter duces Austriae qui senior fuerit dominium habeant dictae terrae, ad cuius etiam seniorem filium dominium jure hereditario deducatur, ita tamen quod ab eiusdem sanguinis stipite non recedat. Nec ducatus Austriae ullo unquam tempore divisionis alicuius recipiat sectionem (§ 9 u 10 des privilegium maius). Dagegen sagt das echte privilegium minus nur: „Marchiam Austriae in ducatum commutavimus et eundem ducatum cum omni jure prefato patruo nostro Heinrico et prenobilissimae uxori suae Theodore in beneficium concessimus, perpetuali jure sentientes, ut ipsi et liberi eorum post eos indifferenter filii sive filiae eundem ducatum Austriae hereditario jure a regno teneant et possideant. Vgl. Die Landeshoheit Oesterreichs nach den echten und unechten Freiheitsbriefen, von Dr. Johann Berchthold. 1862.

Der Cyclus der österreichischen Freiheitsbriefe umfasst ausser diesem echten privilegium minus auch fünf andere Urkunden: eine Urkunde angeblich aus dem Jahre 1058, worin K. Heinrich IV. dem Markgrafen Ernst zwei uralte Privilegien der römischen Kaiser Caesar und Nero bestätigt, und selbst ein paar neue hinzufügt; ferner das privilegium maius angeblich aus dem Jahre 1156; eine Urkunde aus dem Jahre 1228, worin K. Heinrich VII. dem Herzog Leopold alte Vorrechte bestätigt und neue verleiht; endlich eine Urkunde aus dem Jahre 1283, worin König Rudolf die vorigen Privilegien bestätigt.

Hatte schon Schrötter in seiner ersten Abhandlung aus dem österr. Staatsrechte von den Freiheitsbriefen des Hauses Oesterreich die Bemerkung gemacht, dass man bezüglich der angeblich von Julius Caesar und Nero der ostländischen Mark gegebenen zwei Gnadenbriefe leicht bei Durchlesung dieser Urkunden zu erkennen vermöge, dass sie falsch und aus einer weit jüngern Feder geflossen sind, so hat sich die Forschung der Gegenwart für die Unechtheit sämmtlicher vorerwähnten Urkunden ausgesprochen, da dieselben Bestimmungen enthalten, welche mit den Thatsachen der Geschichte und den Lehensverhältnissen ihrer angeblichen Entstehungszeit im Widerspruche stehen. Der Herzog von Oesterreich erscheint darin aller Lasten eines Lehensträgers entbunden; er ist nur verpflichtet, zwölf Mann gegen die Ungarn zu stellen. Das Reich hat gegen ihn die Pflicht des Schutzes, nicht aber Rechte. Der Herzog soll absoluter Gebieter in seinen Ländern sein; es gibt in seinem Gebiete keine Reichslehen, keine reichsunmittelbare Gewalten, keine Berufung an die Reichsgerichte. Doch haben die Angriffe gegen die Echtheit dieser Freiheitsbriefe kein practisches Interesse, da der Inhalt derselben in Folge der mit Zustimmung der Kurfürsten geschehenen Bestätigung durch Kaiser Friedrich III. und dessen Nachfolger Bestandtheil des practischen giltigen Staatsrechtes geworden ist.

Der Expansionskraft des werdenden Territorialstaates war durch die Bestimmung des § 18 des privilegium maius Raum gewährt, welcher jegliche Art der Vergrösserung Oesterreichs gewährleistete und dafür sorgte, dass alle dem Herzogthum

Oesterreich als solchem verliehenen Privilegien auch auf allen Zuwachs derselben ausgedehnt werden sollen.⁴)

II. In Böhmen und Ungarn, welche beiden Staaten seit dem Jahre 1526 mit den österreichischen Erbländern dauernd verbunden wurden, beruhte allerdings die landesfürstliche Gewalt auf einem andern Rechtsgrunde; sie war nicht Reichslehen und nicht aus einem Aggregat verschiedener Rechte und Befugnisse hervorgewachsen, sondern beruhte auf der selbständigen nationalen Entwicklung dieser Staaten. Doch zeigen sich auch hier analoge Elemente und Organe der Landeshoheit. Auch in diesen Ländern erhielt die königl. Gewalt ihren besondern Inhalt durch die allgemeine mittelalterliche Gesellschaftsentwicklung, welche die grosse Masse des Volkes in Unfreiheit und Hörigkeit zurückdrängt und an Stelle der gleichmässigen Unterordnung unter die Staatsgewalt ein ständisch gegliedertes Volk hinstellt, so dass den verschiedenen Elementen dieser Gesellschaft gegenüber der Rechtsgrund, der Inhalt und Umfang der königl. Gewalt ein verschiedener war. Das Lebenswesen und die Ministerialität ergreift auch in Böhmen und Ungarn die altnationalen Ständeunterschiede. In Böhmen gewinnen die durch grossen Grundbesitz hervorragenden Nachkommen der Lechen und Vladyken als Herrn oder Barone (páni, šlechtici) die politische Führung als oberster weltlicher Stand, während auch hier die gemeinfreien und edelfreien Grundbesitzer (zemané) verschwinden, indem sie entweder in Unfreiheit und Hörigkeit versinken oder als Ministerialen (clientes) in den Dienst der Herren treten oder Genossen des sich zu einem Geburtsstande abschliessenden Ritterstandes (rytíři, milites) werden. Auch in Ungarn schliesst sich der hochadelige Grundbesitz (optimates, proceres) zu einer

---

⁴) Imperium quoque nullum feudum habere debet Austrie in ducatu (§ 4 priv. maius). — Statuimus quoque, ut nulla magna vel persona in eiusdem ducatus regime sine ducis consensu vel permissione aliquam iusticiam presumat exercere (priv. minus). — Bannum silvestrium et ferinarum piscine te nemora in ducatu Austrie debent jure feudali a duce Austrie depondere (§ 5 priv. maius) — Praeterea quidquid dux Austrie in terris suis seu districtibus suis fecerit vel statuerit, hoc imperator neque alia potencia modis seu viis quibuscumque non debet in aliud quoquo modo in posterum commutare (§ 8 priv. maius). Volumus etiam, ut si districtus et diciones dicti ducatus amplati fuerint ex hereditatibus, donationibus, emcionibus, deputationibus vel quibusvis aliis devolutionum successionibus, prefata jura, privilegia et indulta ad augmentum dicti dominii Austrie plenarie referantur (§ 18 priv. maius).

besondern Klasse ab, denen sich der aus königlichen Schenkungen begüterte Comitatsadel anreiht. Dieser dem Könige lehenmässig verpflichtete, donatarische Adel macht allmälig die Masse des Reichsadels, der nobiles aus, während der Hochadel als barones und comites, d. h. als Reichswürdenträger und Gespannschaftsgrafen gegliedert auftritt.

Denken wir weiter daran, dass die alte Gauverfassung durch Immunitäten, privilegirte Districte und Freistädte durchbrochen wird, so erhalten wir in allen diesen Momenten den Grundriss des aus ständischen und corporativen Elementen componirten mittelalterlichen Staatswesens.

Diesem Gemeinwesen gegenüber war nun die königliche Gewalt theils unbeschränkt, theils beschränkt. Es wäre jedoch verfehlt bei den der königlichen Gewalt gezogenen Schranken Analogien aus dem modernen Staate herzuholen. Diese Schranken beruhten nicht auf einem Alles gleichmässig beherrschenden Gesetze; es waren nicht Schranken, die der moderne Staat auf dieser Grundlage seiner Gewalt und seinen Organen im Interesse des Gemeinwesens selbst zu ziehen für gut findet; diese Schranken waren vielmehr auf Vertrag, Privilegien oder Ersitzung beruhende Rechte der einzelnen Personen, Stände und der Körperschaften. Es herrschte in jenen Tagen, wie Tocqueville (der alte Staat und die Revolution. II. Buch. Cap. XI.) bemerkt, „eine Art unregelmässiger und vielfach unterbrochener Freiheit, immer auf das abgegrenzte Gebiet der Klassen beschränkt, immer an die Idee von Ausnahmen und Privilegien geknüpft, eine Freiheit, die ebenso sehr dem Gesetze als der Willkür zu trotzen gestattete, und sich fast niemals soweit erstreckte, allen Staatsbürgern die natürlichsten und nothwendigsten Garantien zu bieten." — Das Gebiet der unbeschränkten königlichen Gewalt waren die Regalien. Zu denselben gehört insbesondere das Privilegienrecht, d. h. das Recht, Gnaden, Stadtrechte, Marktrechte, Monopole, Bannrechte, Zwangsgerechtigkeiten, Titel, Adel, Wappen u. s. w. zu ertheilen; dann das Bergregal, das Salzregal, das Postregal und das Zollgefäll. Die Einkünfte aus den sog. nutzbaren Regalien flossen in die k. Kammer und mit diesen Einkünften konnte der König vollständig nach Gutdünken fügen. Insbesondere wurde seit dem Aufkommen der stehenden Heere ein grosser Theil dieser Einkünfte ohne irgend eine Controlle zur Unterhaltung eines dem Könige allein gehorchenden, von seinem persönlichen Willen abhängigen Heeres verwendet. In den Regalien lag zugleich das absolute Recht, hinsichtlich der Objecte dieser Regalien die nöthigen Weisungen und Verordnungen durch die k. Mandate, Rescripte, Normalresolutionen zu erlassen, alle diese Regalien betreffenden Angelegenheiten durch eigene Beamten zu überwachen und zu leiten, die Behörden zu organisiren und denselben den Kreis und die Grenzen ihrer Amtsthätigkeit vorzuschreiben, die Gerichtsbarkeit in Betreff dieser regalen Rechte durch besondere Gerichte auszuüben, und alle aus den Regalien sich ergebenden Einkünfte zu beziehen. —

Als Ferdinand I. durch den Theilungsvertrag, den er am 21. April 1521 zu Worms mit seinem Bruder Karl abschloss Oesterreich ob und unter der Enns, Steiermark, Kärnthen und den grössten Theil von Krain, — dann durch den zweiten Theilungsvertrag vom 20. Jänner 1522 die übrigen Bestandtheile Krains, dann Tirol, Vorderösterreich, Görz, Friaul, Triest und was sonst noch beim Tode Maximilians I. zum dominium Austriae gehörte, erwarb und diesem Ländercomplexe Böhmen mit seinen incorporirten Ländern, dann Kroatien und Ungarn angliederte, erfolgte allerdings die Vereinigung dieser Länder als Personalunion; es lässt sich jedoch nicht verkennen, dass diese Vereinigung einer unter diesen Ländern factisch bestehenden Interessengemeinschaft ihr Zustandekommen verdankte. Auch waren die Verfassungselemente, wie bereits bemerkt wurde, in diesen einzelnen Ländergruppen identisch oder wenigstens analog. Nach der herrschenden patrimonialen Staatstheorie betrachtet der Monarch das Land und seine Gewalt als sein und seiner Dynastie Eigenthum; er ist Herr im Bereiche seiner fürstlichen Macht und schaltet innerhalb des Bereiches derselben unbeschränkt; allerdings findet der Bereich der fürstlichen Macht seine Grenze an den wohlerworbenen Rechten dritter Personen, insbesondere der ständischen Corporationen.

Die richtige Auffassung des Wesens der Landstände wird durch ein doppeltes Moment getrübt; einmal durch das Bestreben, Verfassungszustände der Gegenwart an das Institut der Landstände organisch anknüpfen zu wollen und andererseits durch entgegengesetzte Tendenz, welche den landständischen Institutionen jeden Einfluss auf das Verfassungsrecht der Gegenwart abspricht. Zwischen diesen beiden extremen Ansichten liegt die Wahrheit in der Mitte. Gewiss ist, dass die Landstände in gewisser Beziehung ein corpus repraesentativum des Landes waren, wenn gleich demselben, wie H. Schulze bemerkt, die Eierschale des Privatsrechts noch sichtbar anklebte. Ebenso gewiss ist, dass das moderne Verfassungsrecht an die landständische Institution dort anknüpfen konnte, wo diese auf der Selbstverwaltung der kleinen Kreise aufgebaut war, die Mitglieder der Ständeversammlung daher einen repräsentativen Charakter besassen und wo sie sich bis auf die Neuzeit in dem Besitze der Theilnahme an den eigentlichen organischen Functionen des Staatslebens, z. B. der Gesetzgebung erhalten hatten. Ebenso richtig ist es aber andererseits, dass dort, wo diese Grundlagen fehlten, wo die Landstände nur als Corporation zur Vertretung spezieller Standesinteressen, als eine Körperschaft der Privilegirten sich betrachteten, ihre Rechte gegenüber dem das Staatsbürgerrecht zur Geltung bringenden Wandlungsprocesse des Staatslebens eine Widerstandskraft nicht behaupten konnten und die landständischen Corporationen höchstens als Selbstverwaltungskörper noch eine Zeit lang fortdauerten. Diese Momente werden festzuhalten sein, wenn man die innere Staatsgeschichte der österreichisch-ungarischen Monarchie und ihrer Bestandtheile richtig auffassen und begreifen will.

Man braucht übrigens nur ein älteres staatsrechtliches Werk nachzuschlagen, um sich von der Richtigkeit der Ansicht zu überzeugen, dass die Landstände wesentlich nur eine Corporation von Privilegirten waren, die gegenüber dem Landesherrn ihre Freiheit von aller staatlichen Unterwerfung zu bewahren trachteten. — Auch darf nicht vergessen werden, dass die Stände selbst wieder Obrigkeiten waren und der Landesherr nur durch ihre Vermittlung die Unterthanen derselben erreichen, Abgaben und Dienste von diesen erlangen konnte. Diess erklärt ebenso recht ihre Mitwirkung bei der Landesregierung als die Zurückdrängung ihres Einflusses bei Aufkommen des allgemeinen staatsbürgerlichen Subjectionsverhältnisses.

Es mag an dieser Stelle die geringe Pflege der österreichischen Rechtsgeschichte und des österreichischen Staatsrechtes lebhaft bedauert werden. Eine vorurtheilslose Geschichtsauffassung und juristische Auffassung des Staates hätte manche politische Partei davor bewahrt, Forderungen zu erheben, die mit der in die Gegenwart einmündenden Geschichte des Staates und dem Wesen des Staates selbst im Widerspruche sich befinden. Die still webende, die Theile zum Ganzen zusammenfügende Macht der Gewohnheit ist im Staatsrechte ebenso eine Rechtsquelle als es geschriebene Rechtssätze sind.

III. Die Entwicklung der österreichischen Gesammtstaatsidee und staatsrechtlichen Verhältnisse unter den einzelnen Kronländern hat einen doppelten Ausgangspunkt. Zunächst galt es, den provinciellen Particularismus durch Einrichtungen zu besiegen, welche an die gemeinsame Herrscherpersönlichkeit anknüpfen. Sodann führte die sich entwickelnde Interessengemeinschaft die ständischen Corporationen der einzelnen Länder zur Anerkennung gemeinsamer Angelegenheiten. [5])

Die landesherrliche Verwaltung in den einzelnen Ländern trug zur Zeit ihrer Verbindung unter Ferdinand I. den allgemeinen Charakter. Ursprünglich wurden die Staatsgeschäfte zum grössten Theile durch den Landesherrn selbst erledigt, und die Kanzleien waren zunächst nur Hilfsämter zur Besorgung der Schreibgeschäfte, die bei Regierungsacten nothwendig wurden. Erst mit Erweiterung des Umfanges der Regierungsgeschäfte und als diese durch Reception des römischen Rechtes eine besondere Technik gewannen, wurden die Kanzleien zu einer Behörde, welche als ständiges Collegium rechtsgelehrter Räthe unter Leitung des Kanzlers den Landesherrn bei der Regierung unterstützte. So gab es in Böhmen und Ungarn königliche Kanzleien, welche an Seite des Königs als dessen rechte Hand die innere Landesverwaltung leiteten.

In Böhmen war die Würde eines obersten Kanzlers (archicancellarius) in den ältesten Zeiten mit der Würde des Wyšehrader Propsten verbunden; seit dem XV. Jahrhunderte wurde

---

[5]) Vgl. H. Bidermann Geschichte der österreichischen Gesammtstaatsidee. 1867. Krones, Handbuch der Geschichte Oesterreichs III. Band.

der Kanzler aus dem Herrenstande genommen. Er hatte stets um die Person des Königs zu sein und dem königlichen Hoflager zu folgen. [6]) In Ungarn war die Kanzlerwürde an kein bestimmtes Amt gebunden und wurde vom Könige nach Belieben verliehen. Wegen der sich häufenden Schreibgeschäfte wurden dem Kanzler (summus aulae cancellarius) ein Vicekanzler und mehrere Gehilfen beigegeben. [7])

In dem österreichischen Länderkomplexe hatte Maximilian I. für jede der drei Ländergruppen **Niederösterreich** (Oesterreich ob und unter Enns, Steiermark, Kärnthen, Krain, Görz), **Oberösterreich** (Tirol, Vorarlberg) und **Vorderösterreich** (die schwäbisch-elsässischen Vorlande) je ein Regiment (oder eine Regierung) eingesetzt, welche ständige Collegien zur Besorgung der allgemeinen Landesverwaltung waren und an Stelle des alten Hofgerichtes als Gerichtshöfe und später als Appellationsinstanzen traten. [8])

Eine weitere Centralisation der Verwaltung dieser drei bereits durch Realunion verbundenen Ländergruppen erfolgte durch die in dem Innsbrucker Libell vom 24. Mai 1518 gemachte Zusage der Errichtung einer allgemeinen Kanzlei in der Art, dass der Kanzler die Reichs- und die österreichischen Länder-Sachen unter sich haben und durch drei Secretäre, einen für Reichssachen, den zweiten für die niederösterreichischen, den dritten für die oberösterreichischen Sachen behandeln und expediren lassen solle. [9])

Ebenso ist bekannt, dass Maximilian I. im Jahre 1501 ein permanentes Hofrathscollegium für seine Erbländer bestellte,

[6]) Ueber die böhmische Hofkanzlei vgl. Brandl Glossarium illustrans bohemico-moraviae historiae fontes (1876) unter k a n c l é ř, dann Paulus Stransky de republica bohemica opus VII. cap. 15.

[7]) Vgl. Virozsil das Staatsrecht des Königreiches Ungarn III. S. 66. Schwartner Statistik von Ungarn.

[8]) Krones Geschichte Oesterreichs III. S. 45. Es ist zu bemerken, dass der Kanzleistil jener Zeit unter **Oberösterreich** Tirol und wenn daneben die Vorlande nicht besonders erwähnt sind, auch diese; unter **Vorderösterreich** aber stets eben diese Vorland ; unter **Niederösterreich** aber stets das Land ob u. unter der Enns und wo nicht daneben Innerösterreich ausdrücklich erwähnt wird, auch dieses, unter **Innerösterreich** aber Steiermark, Kärnthen, Krain sammt dem Küstenlande versteht. Vgl. Bidermann Gesammtstaatsidee Vorwort S. V.

[9]) Vgl. den Abdruck des Innsbrucker Libelles in der Landhandfeste des Herzogthums Steyr 1583 Lustkandl. Abhandlungen aus dem österreichischen Staatsrecht S. 337.

und in dem erwähnten Innsbrucker Libell (1518) verspricht, denselben, diesen „steten Hofrath", allzeit um sich zu halten, und demselben alle Parteihändel, mögen dieselben die Justiz oder andere Beschwerden betreffen, die Entscheidung von Ansprüchen an das Kammergut usw. ausgenommen die eigenen geheimen Sachen zuzuweisen. Diesen Hofrath benützte der Kaiser zugleich als **Reichshofgericht**, daher derselbe später auch Reichshofrath genannt wurde. [10])

Mit der Vereinigung der österreichischen, böhmischen und ungarischen Länder unter einem gemeinsamen Monarchen beginnen die Anläufe von grösserer Centralisation der Verwaltung. „Die österreichische Kanzlei wird eine **allgemeine Hofkanzlei**, deren von Gran datirte Kanzleiordnung vom 12. Feber 1528 die Geschäftsvertheilung nach Ländern und Materien ordnet. Ein Sekretär sollte die nicht ins Justizfach einschlagenden Angelegenheiten des deutschen Reiches, ferner die von Inner-, Ober- und Vorderösterreich bearbeiten. Einem zweiten Sekretär waren die niederösterreichischen, einem dritten die böhmischen, einem vierten die ungarischen Angelegenheiten zur Bearbeitung zugewiesen. Für Ausfertigungen in lateinischer Sprache hatte der Kanzler einen „lateinischen" Sekretär, dann für Justizsachen aller Länder gleichfalls einen besonderen Sekretär und für Besorgung der diplomatischen Correspondenz einen Geheimschreiber unter sich. [11])

Der Wirkungskreis des böhmischen und des ungarischen Hofkanzlers beschränkte sich auf jene Angelegenheiten, die der böhmische und ungarische Kanzler im directen Einvernehmen mit dem Monarchen zu besorgen hatte oder in des Königs Namen selbstständig zu erledigen ermächtigt war z. B. Privilegien-

---

[10]) Die Competenz des Hofrathes zur Erledigung von Reichsjustizgeschäften war in dem Grundsatze des deutschen Staatsrechts begründet, dass das Reichsoberhaupt als oberster Richter jede Streitsache auch persönlich entscheiden konnte (Schulte deutsche Reichs- und Rechtsgeschichte S 380). Dem Hofrathe gab Ferdinand I. am 1. Jänner 1541 eine Instruction und waren diesem Collegium vor Allem die aus den Erblanden und dem römischdeutschen Reiche nach Hofe appellirten **Justiz- und Parteisachen** zugewiesen. Im Jahre 1559 entzog Ferdinand I. demselben die erbländischen Sachen, so dass seit dieser Zeit der **Reichshofrath** nur eine Behörde des deutschen Reiches war.

[11]) Bidermann Gesammtstaatsidee S. 10.

und Gnadenverleihungen, Landtagsausschreibungen, Feststellung der Landtagspropositionen u. s. w.

Neben der allgemeinen Hofkanzlei erwuchs in dem **Geheimratscollegium**, in welchem der Hofkanzler regelmässig Vortrag hielt, ein fester Mittelpunkt der Staatsgeschäfte. In diesem Collegium wurden die wichtigsten Staatsgeschäfte unter persönlicher Intervention des Monarchen berathen, und in demselben traten die mittelalterlichen ständischen Elemente dem sich entwickelnden modernen Beamtenthum gegenüber allmälig in den Hintergrund. Die österreichisch-ungarische Monarchie besass somit bereits unter Ferdinand I. eine Institution, welche in Brandenburg-Preussen erst unter Joachim Friedrich (1604) ins Leben gerufen wurde. [12])

Von den Kanzleien als Behörden der allgemeinen Landesverwaltung sondern sich zunächst als Specialbehörden des Finanzwesens die **Kammern** (Rentkammer, Hofkammer) ab. Im Innsbrucker Libell finden wir erwähnt, dass Maximilian I. zur aufrichtigen guten Ordnung des Kammergutes, Empfänge und Ausgaben betreffend, einen Schatzmeister und neben ihm einen Generaleinnehmer bestellt habe, die alle Kammergüter des Hauses Oesterreich, das Einkommen und die Gefälle, Ordinarien und Extraordinarien zu besorgen hatten. Ebenso wird in dem Innsbrucker Libell die Errichtung einer **allgemeinen Rentkammer** (Buchhaltung) angeordnet. Damit war die Centralisation der Finanzverwaltung der damaligen österreichischen Länder gegeben, die Ferdinand I. durch Errichtung der allgemeinen Hofkammer auf Böhmen und Ungarn ausdehnte. Allerdings befinden sich in Böhmen und Ungarn besondere Hofkammern, aber diese wurden von der allgemeinen Hofkammer instruirt und überwacht. [13])

---

[12]) Bidermann am a. O. S. 11. Vgl. dessen Bemerkungen über die Zusammensetzung des geheimen Rathes unter Ferdinand I. Dazu Krones, Geschichte Oesterreichs III. Band S. 263. Ueber den geheimen Rath in Brandenburg-Preussen vgl. H. Schulze Preussisches Staatsrecht I. Bd. S. 41.

[13]) Das Innsbrucker Libell bestimmt, dass insbesondere in den Niederösterreichischen Landen und in den Oberösterreichischen Landen je ein besonderer Kammermeister bestehen sollte, dem Vizthum (vicedomini) und Amtleute untergeordnet waren und dem diese ihre Empfänge auszuantworten hatten, während der Kammermeister diese Empfänge zu Handen des Einnahm-General zu reichen hatte. Uebrigens reicht die Errichtung der Schatzkammer als Centralstelle für das Finanzwesen in das Jahr 1496 zurück und waren derselben nach dem Mandate vom Freitage Sct. Jacob 1496, alle Aemter, Zinse, Renten, Nutzungen, Gilten und andere Gefälle in sämmt-

Um endlich in die Kriegsführung Einheit zu bringen und dabei eine das ganze Reich umfassende Fürsorge entfalten zu können, errichtet Ferdinand I. an seinem Hofe einen „**steten Kriegsrath**", dem er durch eine vom 17. November 1556 datirte Instruction einen weiten, insbesondere auch auf die ungarischen Festungen, Proviant rfordernisse und Truppenmusterungen sich erstreckenden Wirkungskreis vorzeichnet. (Bidermann.)

Die Umgestaltung des Heerwesens; die Entwicklung eines Soldheeres, welches nicht österreichisch, nicht böhmisch, nicht ungarisch, sondern kaiserlich war; die Entwicklung des modernen Beamtenthums und eines österreichischen Gesammtadels sind weitere Momente, welchen ein Zusammenwachsen der durch die Person des Monarchen verbundenen Ländergruppen folgen musste.

Allerdings zerstört Ferdinand I. theilweise dasjenige wieder, was er aufgebaut, indem er durch die Hausordnung vom 25. Februar 1544 die Dreitheilung des Besitzes in der Art verfügt, dass der älteste Sohn Max II. **Oesterreich, Böhmen** und **Ungarn**, der zweitgeborene Sohn Ferdinand **Oberösterreich** (Tirol und die Vorlande) und der dritte Karl **Innerösterreich** erhält. ¹⁴) Allein in den getrennten Gliedern erstarb nicht das Gefühl der Zusammengehörigkeit, es wurde das Princip der Einheit aller österreichischen Länder festgehalten. Die Ereignisse des XVII. Jahrhunderts bahnen, allerdings unter Stürmen, weitere Einigungsmomente an. Die Schlacht am **weissen Berge** bedeutet einen dauernden Sieg der landesherrlichen Gewalt über die ständische Macht, und indem sich Ferdinand II. in Böhmen in der Landesordnung vom 10. Mai 1627 das oberste

---

lichen ober- und niederösterreichischen Landen unterworfen. (Bidermann S. 72. Anm. 77).

¹⁴) Die Trennung der oberösterreichischen Länder währte 1565 bis 1665. Nach dem Tode Ferdinand II. dessen mit Philipine Welser erzeugten Töchter nicht successionsfähig waren, wurde Maximilian III. (der fünftgeborene Sohn Maximilians II.) 1602 Gubernator und 1612—1618 Regent von Tirol. Nach dessen Tode wurde des Kaisers Ferdinand II. Bruder Leopold 1619 Gubernator und 1625—1633 Regent von Tirol. Ihm succedirte sein Sohn Ferdinand Karl 1633—1662, und diesen: seine erstgeborene Tochter Claudia Felicitas († 1676), Gemalin Kaiser Leopold I.

In **Innerösterreich** succedirt dem Erzherzoge Karl († 1590) sein Sohn Ferdinand, welcher Gesammterbe der österreichischen Länder und seit 1619 deutscher Kaiser (Ferdinand II.) wird.

Recht der Gesetzgebung insbesondere die Aenderung, Mehrung und Besserung der Landesordnung, die oberste richterliche und Militärgewalt und die Regalien ausschliessend vorbehält, war die Möglichkeit der Gleichgestellung der Verfassungsverhältnisse der österreichischen und böhmischen Länder gegeben. [15])

In Ungarn wurde im II. Gesetzartikel des Pressburger Reichstags 1687 die Primogeniturordnung der männlichen Habsburger anerkannt und durch IV. G.-A. 1687 das bewaffnete Widerstandsrecht der Stände (facultas insurgendi et resistendi) abgeschafft. [16])

Endlich erfolgt im Jahre 1691 die Revindication Siebenbürgens, dessen Verfassungsverhältnisse durch das diploma Leopoldinum vom 4. Dezember 1691, durch die Accorde zwischen den politischen Nationen Siebenbürgens (vom 24. April 1693),

---

[15]) Die durch die verneuerte Landesordnung erfolgten Verfassungsänderungen stellt Tomek (Suěmy české) in folgende Punkte zusammen:
1. Anerkennung des Erbrechtes in weiblicher Linie.
2. Das jus legis ferendae im vollen Umfange wird ein alleiniges Majestätsrecht. Gegenüber dem klaren Ausspruche der verneuerten Landesordnung erscheint es verfehlt, aus dem Majestätsbrief von 29. Mai 1627, worin der König verspricht, alle vier Stände und die ganze Gemeinde des Erbkönigreiches sowie jeden einzelnen Stand insbesondere bei ihren Rechten, Gerechtigkeiten und der verneuerten Landesordnung schützen und erhalten zu wollen, — dann aus der novella declaratoria 1640 ad Art. IX der L.-O., welche bei geringern Sachen, die des Königs Person, Hoheit, Autorität und Regalien nicht betreffen, den Ständen gestattet, sich zu unterreden — eine Theilnahme der Stände an der Gesetzgebung zu folgern. Aus den Landständen sind eben im Laufe der Zeit blosse Verwaltungskörper für gewisse ökonomische, staatswirthschaftliche und Culturangelegenheiten des Landes geworden.
3. Durch die verneuerte Landesordnung wurde der geistliche Stand als erster Stand im Lande wieder aufgenommen, so dass Herren-, Ritter- und Bürgerstand um je einen Rang zurücktraten.
4. Gleichberechtigung der deutschen Sprache in der Landesverwaltung.
5. Aufhebung aller den nicht katholischen Religionsparteien ertheilten Privilegien und ausschliessliche Geltung der katholischen Religion.
6. Aufhebung der Eigenschaft der landrechtlichen Urtheile als Präjudikate, Gestattung der Revision an den König, Einführung des schriftlichen Verfahrens.

[16]) G.-A. 1687 II. Die gesammten Stände dieses Königreichs Ungarn und der damit verbundenen Theile erklären zum ewigen Andenken an jene so namhaften Wohlthaten und zur immerwährenden Bethätigung ihrer dankbarst ergebenen Gesinnungen, dass sie in Zukunft Niemand Andern als den erstgeborenen männlichen leiblichen Erben Seiner kais. kön. Majestät als ihren rechtmässigen König und Herrn anerkennen und jedesmal, wenn ein Fall der Krönung eintreten wird, nach vorläufiger Annahme der Inauguralartikel und Ausfertigung des Krönungsdiploms sowie nach Ablegung des Krönungseides in der Weise, wie er von seinen Vorfahren geleistet wurde, auf dem Landtage innerhalb des Königreiches Ungarn ordnungsmässig krönen werden. —

durch das diploma suppletorium de negotiis religionis vom 9. Apri 1693 und endlich durch die sogenannte Alvinczi'sche Resolution vom 14. Mai 1693 geregelt wurden. [17])

IV. Einen bedeutsamen Punkt in der Entwickelungsgeschichte der österreichisch-ungarischen Monarchie bilden jene Staatsakte, die man unter der Bezeichnung „pragmatische Sanction"[18]), zusammenzufassen pflegt. Die dunkle Unklarheit, welche über diesen Staatsakten bis in die jüngste Zeit gelagert war, lässt es erklärlich finden, dass die gemeine Anschauung dahin ging, die pragmatische Sanction sei ein einheitlicher und einseitiger Souvereinitätsakt der Krone gewesen, während in Wahrheit die pragmatische Sanction ein Complex von mehreren Staatsakten vertragsmässigen Charakters ist, die unter den Mitgliedern des kaiserlichen Hauses und zwischen dem Kaiser und den Ständen der einzelnen Länder abgeschlossen wurden. Es kann daher das Wesen der pragmatischen Sanction auch nur durch Berücksichtigung ihrer Genesis klar werden.

Die Grundlage und das Hauptinstrument der pragmatischen Sanction bildet das pactum mutuae successionis vom 12. September 1703. Bei Erledigung des spanisches Thrones durch Erlöschen des spanisch-habsburgischen Mannsstammes mit Karl II. (1. November 1700) erhebt Leopold I. Ansprüche auf Spanien und verzichtet sodann aus Gründen der äusseren Politik gemeinschaftlich mit seinem älteren Sohne, dem römischen Könige

---

[17]) In dem sog. tractatus Viennensis seu Hallerianus vom 28. Juni 1686 nimmt der Kaiser Siebenbürgen und die damit verbundenen Theile Ostungarns in Schutz, und sichert den Siebenbürgern freie Religionsübung und die bisherigen politischen Rechte zu. Fürst Apasy und sein Sohn sollen lebenslänglich die Herrschaft behalten, nach ihrem Tode soll freie Fürstenwahl stattfinden Am 27. October 1687 wurde der Blasendorfer Vertrag unterzeichnet, welcher den kaiserlichen Truppen Winterquartiere einräumt und die Hauptpunkte des Hallerschen Vertrages aufrecht hält. Auf dem Landtage zu Fogarasch kommt es (10. Mai 1688) zur urkundlichen Huldigung der Siebenbürger. Nach dem Tode Michael Apasy I. erfolgt die urkundliche Festsetzung des Verfassungsrechtes Siebenbürgens durch das sog. diploma Leopoldinum vom 4. December 1691. Apasy II. verzichtet 1696 auf seine Fürstenwürde zu Gunsten Leopold I. Ständische Streitigkeiten veranlassten die Absendung einer neuen Deputation nach Wien unter Führung des Protonotars Alvinczi, welche das decretum religionis (9. April 1693) und die sog. Alvinczische Resolution erwirkt.

[18]) Vgl. Krones Oesterr. Geschichte IV. Band S. 121 und 301 Bidermann, Entstehung und Bedeutung der pragmatischen Sanction (Grünhuts Zeitschrift für Privat- und öffentliches Recht Jahrgang 1874) — Fournier. Zur Entstehungsgeschichte der pragmatischen Sanction. Sybels historische Zeitschrift. (neue Folge) II Band 1877.

Josef im Jahre 1703 auf dieses Anrecht zu Gunsten seines jüngeren Sohnes Karl. Mit der förmlichen Abtretung Spaniens und der Begründung einer neuen Linie daselbst war aber, da der ältere Sohn Leopold's, der römische König Josef nur zwei Töchter (Marie Josefa und Marie Amalie) aber keine männlichen Leibeserben hatte, und sein jüngerer Bruder noch unverheirathet war, zweifelhaft geworden, was im Falle des Absterbens des Einen oder des Anderen ohne männliche Erben geschehen solle. Desshalb wurde gleichzeitig mit der Cession des Anrechts auf den spanischen Thron das pactum mutuae successionis unter Intervention des Kaisers mittelst eidlicher Zustimmungserklärung seiner beiden Söhne Josef und Karl abgeschlossen. In diesen Familienstatut wird als ein allzeit giltiges Gesetz festgesetzt, dass sowohl in den Königreichen und Provinzen spanischer Herrschaft als in den Erbkönigreichen und Ländern die Nachfolge im Mannesstamme der weiblichen Descendenz stets vorauszugehen und unter den Descendenten das Recht der Erstgeburt zu gelten habe. Für den Fall, als Karl III. ohne Söhne stürbe, oder sein Mannesstamm erlöschen sollte, soll ohne Rücksicht auf weibliche Descendenz die ganze spanische Monarchie mit allen ihr verbundenen oder unterworfenen Königreichen oder Provinzen an den Kaiser, seinen Erstgeborenen oder dessen Kinder und legitime Nachkommen zurückfallen. Sollten Töchter Karls oder seiner legitimen Descendenten vorhanden sein, so werde für dieselben gesorgt werden, wie es bisher des Hauses Sitte war. Doch auch ihnen bleibt ihr Recht der Nachfolge gewahrt, welche nach dem Ausgange des Mannsstammes und der weiblichen Nachkommenschaft Josef I. noch immer Geltung gewinnen kann. Damit war ausdrücklich festgesetzt, dass die Töchter Josefs mit all ihrer Nachkommenschaft den Töchtern Karls voranzugehen haben. Sollte hinwieder Josef, ohne Söhne zu hinterlassen, von hinnen gehen oder seine männliche Nachkommenschaft aussterben, so gelangt Karl, beziehungsweise seine männliche Descendenz auch in allen Erbkönigreichen und Ländern zur Herrschaft.

In diesem pactum mutuae successionis war aber des Falles nicht gedacht, dass möglicher Weise Karl in dem entbrannten Successionskriege sich gar nicht als Herr der spanischen Monarchie zu behaupten vermochte. Es lässt daher Kaiser Leopold I.

am 26. April 1705 mit Einwilligung des älteren Sohnes Josef ein Testament abfassen, worin er für diese Eventualität seinem jüngeren Sohne Karl und seinen ehelichen geborenen männlichen Leibeserben zu ihrem Antheil und Abfertigung die Grafschaft Tirol sammt den einverleibten oder zugewandten schwäbischen und vorderösterreichischen Ländern unter Aufrechthaltung der sonstigen Bestimmungen des pactum mutuae successionis mit der weiteren Bestimmung zuweist, dass nach dem Tode Karls und seiner männlichen Descendenz diese Länder wieder an den römischen König und seine ehelich geborenen Erben zurückfallen sollen. „Dagegen soll bei abgehenden Unseres Erstgeborenen Sohnes Liebden Ehelichen Mannsstamm unseren anderen Sohnes Liebden und Ihrer Männlichen Descendenten Ihr Erbrecht unverletzt bleiben und in jedwedem der beiden unverhofften Fällen die alsdann etwa vorhandenen unversorgten ehelichen Töchter nach Unseres Erzhauses löblichen Herkommen gebührend versorgt und ausgestattet werden."

Mit Recht bemerkt August Fournier in der oberwähnten Abhandlung, dass durch dieses Testament den Bestimmungen des Thronfolgestatuts vom Jahre 1703 nicht derogirt worden ist, und dass aus beiden Urkunden sich folgende Principien ergeben: „Vorantritt der männlichen vor der weiblichen Descendenz, das vorwaltende Recht der Erstgeburt und damit in Sachen der Frauenerbfolge der Vorrang der Töchter des Erstgeborenen vor denen des jüngeren Kaisersohnes."

Kaiser Leopold I. starb wenige Tage nach diesem Testamente (am 5. Mai 1705); ihm folgte sein älterer Sohn Josef I., der lediglich zwei Töchter bei seinem am 17. April 1711 erfolgten Tode hinterliess: Marie Josefa und Marie Amalie. Ihm folgte sein jüngerer Bruder Karl, der einzige Repräsentant des Habsburgischen Mannsstammes. Damit waren die Voraussezzungen des Testamentes Leopold I. gegenstandslos geworden, wohl aber waren die Bestimmungen des pactum mutuae successionis in voller Kraft.

Als Karl VI. zur Regierung gelangte, war in Ungarn das Erbrecht der Frauen noch nicht anerkannt und es ging von Seite der Kroaten die Anregung aus, die weibliche Erbfolge in den Ländern der ungarischen Krone zu regeln. Am 19. April

1713 versammelt Karl VI. die Minister und die geheimen Räthe in feierlicher Sitzung, lässt das pactum mutuae successionis verlesen, erörtert seinen Inhalt und erklärt: „dass nach dem pactum mutuae successionis mit Rücksicht auf den ohne männliche Erben erfolgten Tod seines Bruders Josef nunmehr alle dessen hinterlassenen Erbkönigreiche und Länder auf Ihre kaiserliche Majestät gefallen und sämmtlich bei Ihrer kaiserlichen Majestät ehelichen männlichen Leibeserben, nach dem jure primogeniturae, solange solche vorhanden, ungetheilt zu verbleiben haben. Auf den Fall des Abganges Ihres männlichen Stammes sollen aber diese Erbkönigreiche und Länder auf die ehelich hinterlassenen Töchter allzeit nach Ordnung und Recht der Primogenitur, gleichmässig unzertheilt, ferner in Ermanglung oder Abgang der von Ihrer kaiserlichen Majestät herstammenden allen ehelichen Descendenten männlichen und weiblichen Geschlechtes solle dieses Erbrecht auf Ihrer Majestät Bruders Josefs nachgelassenen Töchter oder deren eheliche Descendenz wieder nach dem jus primogeniturae fallen. Alles in dem Verstande, dass nach beiden, der jetzt regierenden Karolinischen und der nachfolgenden in dem weiblichen Geschlechte hinterlassenen Josefinischen Linie Ihrer Majestät Schwestern und allen übrigen Linien des Erzhauses nach dem Rechte der Erstgeburt in ihrer daher entspringenden Ordnung jedes Erbrecht oder was dem anklebe, gebühre, bevorbleibe, und vorbehalten sei."

Mit Recht wurde darauf aufmerksam gemacht, dass die Bestimmung dieses Protokolles von dem pactum mutuae successionis in Betreff der Frauenerbfolge wesentlich darin abweiche, dass nicht die Regrediaterbinnen (die Töchter Josef I.) sondern die Töchter Karls für den Fall des Abganges männlicher Leibeserben succediren sollten. [19]

Aus dem Hausgesetze wurde durch Annahme der Stände der einzelnen Länder ein Staatsgesetz [20]. Uns interessiren hier

---

[19] Vgl. den Wortlaut der Urkunden der pragmatischen Sanction im Anhange.

[20] Die Anerkennung der pragmatischen Sanction von Seite der einzelnen Länder erfolgt 1720—1724. Es liegt jedoch, wie Krones Oesterr. Geschichte IV. S. 394 bemerkt, aus Anlass der Annahme der pragmatischen Sanction keine förmliche Erklärung der Krone zu Gunsten der Rechte und Freiheiten der einzelnen Stände als besondere vertragsmässige Gegenleistung vor.

die ungarischen Gesetzartikel I und II 1723. Die die Motive enthaltende praefatio dieser Gesetzartikel bezeichnet als Tendenz der in diesen Gesetzartikeln enthaltenen Bestimmungen über die Frauenerbfolge die Erstarkung des wechselseitigen Einverständnisses und Verbandes der Länder der Krone Ungarns mit den übrigen Königreichen und Erbländern. Der Gesetzartikel I 1723 dehnt die in den Gesetzartikeln II und III 1687 anerkannte männliche Erbfolge auf alle Nachkommen und Erben des Erzhauses beiderlei Geschlechtes nach der Ordnung der Erstgeburt und der Linealsuccession aus, während der Gesetzartikel II insbesondere verfügt, dass für den Fall des Abganges männlicher Leibeserben des Königs Karl die Succession auf das weibliche Geschlecht und zwar die Töchter Karls, und bei deren Abgange auf jene Josefs und Leopolds nach der in den übrigen Ländern eingeführten Erbfolge unter Aufrechthaltung der untheilbaren und unzertrennlichen Gemeinschaft mit den übrigen Ländern gelangen solle.

Das durch den III. siebenbürgischen Gesetzartikel 1744 in den Codex der siebenbürgischen Gesetze inserirte, von den siebenbürgischen Ständen am 30. März 1722 angenommene, vom Kaiser am 30. Dezember 1723 confirmirte Document über die pragmatische Sanction bemerkt, dass es Zweck dieses ewigen Gesetzes sei, die Reiche und Provinzen und sowohl die, welche heut zu Tage von allerhöchst Seiner kaiserlichen königlichen Majestät besessen sind, als auch, welche künftig mit Gottes Hilfe seinem Machtgebiete zuwachsen könnten, in den Stand zu setzen, zu gegen- und wechselseitiger Vertheidigung, zu grösserer Sicherheit und daraus erfolgender Würde und Schrecken der Feinde in alle Ewigkeit zu einem unauflöslichen Verbande zusammenzuwachsen und in einander zusammenzuhängen.

Die staatsrechtliche Bedeutung der pragmatischen Sanction lässt sich auf zwei Punkte zurückführen:

1. Die pragmatische Sanction begründet eine Realunion unter sämmtlichen Ländern der Gesammtmonarchie,
2. Sie sanctionirt dasjenige, was sich durch Uebung bereits factisch herausgebildet hatte: ein wechselseitiges Einverständniss und gegenseitige Hilfeleistung in allen diese Realunion berührenden Gebieten. Der XII. ung. Ges.-Art. 1867 erklärt

die pragmatische Sanction rückwirkend authentisch interpretirend: „Indem dieser feierliche Grundvertrag das Thronfolgerecht der weiblichen Linie des Hauses Habsburg feststellt, sprach er zugleich aus, dass die Länder und Provinzen, welche der festgestellten Erbfolge gemäss unter einem gemeinsamen Herrscher stehen, einen untheilbaren und unzertrennlichen gemeinsamen Besitz bilden. Diesem entschieden ausgesprochenen Princip zu Folge begründet die Vertheidigung und Aufrechthaltung der gemeinsamen Sicherheit mit gemeinsamen Kräften eine gemeinsame und wechselseitige Verpflichtung, welche direct aus der pragmatischen Sanction entspringt. [21])

V. Die Period : Maria Theresias und Kaisers Josef II. ist nicht nur die Zeit administrativer Reformen, sondern auch die der inneren Organisation des Staates zu einer Einheit. Die Errichtung einer obersten Justizstelle in Wien, die Auflösung der böhm. und österr. Hofkanzleien und die Errichtung eines directorium in publicis et cameralibus, dem laut des Hofdekretes vom 2. Januar 1762 die vereinigte Hofkanzlei substituirt wurde, — die Einführung oder wenigstens Anbahnung einer gleichförmigen Justizgesetzgebung, — die Herstellung eines gleichförmigen Verwaltungssystems in den deutschen und böhmischen Kronländern, die Einführung eines allgemeinen österreichischen Staatsbürgerrechtes liessen die Tendenz hervortreten, wenigstens die westliche Hälfte der Monarchie zu einem Einheitsstaate zu verbinden.

Die Periode Leopold II. ist allerdings die Zeit einer theilweisen ständischen Restauration. Während sich aber in den westlichen Ländern diese Zugeständnisse auf einzelne administrative Angelegenheiten beschränken, erlangen Ungarn und Siebenbürgen in den Gesetzartikeln 1791 eine ausdrückliche Verbriefung ihrer staatsrechtlichen und administrativen Selbstständigkeit. Der X. ungar. Ges. Art. 1791 erklärt: Erga demissam Statuum et Ordinum regni propositionem Sua quoque Majestas sacratissima benigne agnoscere dignata es, quod licet successio Sexus foeminei August e Domus Austriacae per articulos I et II 1723 in regno Hungariae Partibusque ei annexis

---

[21]) So der XII. G.-A. 1867. Derselbe ist als eine authentische Interpretation der pragmatischen Sanction anzusehen, insofern auf Grund derselben der ungarische Staat pro praeterito und pro futuro die Vertheidigung des Gesammtgebietes der Monarchie als Pflicht anerkannt hat.

stabilita, eundem, quem in reliquis regnis et ditionibus hereditariis, in et extra Germaniam sitis, juxta stabilitam successionis ordinem inseparabiliter et indivisibiliter possidendis Principem concernat, Hungaria nihilominus cum Partibus annexis sit regnum liberum et relati ad totam legalem regimis formam (huc intellectis quibusvis dicasteriis suis) indepedens id est nulli altero Regno aut populo obnoxium, sed propriam habens Consistentiam et Constitutionem, proinde a legitime coronato hereditario Regi suo adeoque etiam a sua Maiestate sacratissima, Successoribusque eius Hungariae Regibus propriis Legibus et Consuetudinibus non vero ad normam aliarum Provinciarum dictantibus id articulis III 1715 item VIII et XI 1741 regendum et gubernandum.

Ebenso bestimmt Ges.-Art. XII, 1790—1791 über Ausübung der gesetzgebenden und vollziehenden Gewalt, dass die Macht, Gesetze zu erlassen, abzuändern und auszulegen im Königreiche Ungarn und den damit verbundenen Theilen dem gesetzlich gekrönten Fürsten und den auf den Landtagen gesetzlich versammelten Ständen des Königreiches gemeinsam sei, daher die Verwaltung des Landes durch Edikte oder sogenannte Patente, welche ohnehin durch keine Gerichte des Landes je angenommen werden dürfen unzulässig und der Erlass von Patenten nur für jene Fälle vorbehalten sei, wo in den sonst dem Gesetze entsprechenden Angelegenheiten die Veröffentlichung nur auf diese einzige Art mit Erfolg zu erreichen wäre. Nicht minder wurde laut Ges.-Art. XIX 1790—1791 den Ständen Ungarns die Versicherung gegeben, dass Subsidien was immer eines Namens, mögen sie in barem Gelde oder in Naturalien oder Rekrutenstellungen bestehen, weder den Ständen noch den Unadeligen durch einen königlichen Machtspruch auferlegt werden dürfen, und dass die Steuersumme (quantitas contributionis), welche zur Unterhaltung des Militärs bestimmt ist, stets auf dem Landtage und zwar für den Zeitraum von einem zum andern festgesetzt werde.

Für Siebenbürgen bestimmt Ges.-Art. VI. 1791, dass vermöge der Gesetze und Traktate, durch welche Siebenbürgen Kaiser Leopold I. und dessen Nachfolger als die gesetzmässigen Könige Ungarns zu seinem Fürsten angenommen und die auch auf das weibliche Geschlecht ausgedehnte Erbfolge des kaiserlichen Hauses anerkannt hat, die Nachfolger aus dem kaiserlichen Hause als gesetzlich gekrönte Könige Ungarns Siebenbürgen, wie wenn es zur Krone des Königreiches Ungarn gehörte, durch dasselbe Recht der Herrschaft und Nachfolge mit Ungarn besitzen und es wie ein Land, welches seine eigene Verfassung hat und keinem anderen Reiche unterworfen ist, nach seinen gesetzlich bestätigten Gesetzen und Constitutionen, nicht aber nach der Norm anderer Erbprovinzen regieren, indem dabei der untheilbare und untrennliche Unionsverband mit den anderen Reichen und Provinzen, der aber nur den wechselseitigen Besitz und die gegenseitige Vertheidigung betrifft, nach der pragmatischen Sanction in Uebereinstimmung mit dem III. Ges.-Ar¹ 1744 aufrecht erhalten wird.

Wenn nun diese Gesetze die staatsrechtliche und administrative Selbstständigkeit der Länder der ungarischen Krone mit klaren unzweideutigen Worten, und die Mitwirkung der Stände bei der Gesetzgebung garantieren, so wäre doch verfehlt, aus denselben den Schluss zu ziehen, dass zwischen Ungarn und den übrigen Ländern der Gesammtmonarchie keine gemeinsamen Angelegenheiten bestehen sollten, und dass die Mitwirkung der Stände bei allen Gesetzen einzutreten hätte.

In der ersten Beziehung blieben diejenigen Einrichtungen, Behörden, Gesetze und Gewohnheiten unberührt, welche im Gebiete der äusseren Verwaltung, des Militärwesens, der Finanzverwaltung und Staatspolizei (haute police) gemeinsame Angelegenheiten zur Voraussetzung und zum Gegenstande hatten. In letzterer Beziehung ist nach dem Zeugnisse ungarischer Staatsrechtslehrer in dem XII. Ges.-Art. 1791 keineswegs eine volle Gemeinschaft der gesetzgebenden Gewalt zwischen König und Ständen ausgesprochen, so dass letztere in der Ausübung aller in dem Begriffe derselben enthaltenen Befugnisse und bezüglich aller Objekte notwendig theilnehmen müssten; vielmehr bleiben jene Gegenstände, welche nach dem im ungarischen Staatsrechte als Rechtsquelle anerkannten Gewohnheitsrechte oder durch besondere Gesetze dem ausschliesslichen Verfügungsrechte des Königs vorbehalten wurden, noch fernerhin demselben vorbehalten, so dass der König innerhalb dieses Kreises von

Angelegenheiten königliche Verordnungen, Normalresolutionen, Hofdekrete, Patente erlassen konnte.

Die ungarischen Staatsrechtslehrer sprechen dem Könige das Recht, Bündnisse und Verträge jeder Art mit andern Staaten einzugehen, Gesandte zu schicken und zu empfangen, die diplomatischen äusseren Angelegenheiten des Landes zu leiten, kurz den Staat in allen Verhältnissen zu anderen Staaten zu repräsentiren, als ein ausschliessendes Majestätsrecht zu. Der VIII. G. A. 1715 verfügt die Unterhaltung eines regulären sowohl aus Einheimischen als aus Ausländern bestehenden stehenden Heeres (regulata militia tum ex nativis tum ex externis constans), weil das Reich durch die adelige Insurection nicht mehr genügend geschützt werden könne. Durch diesen Gesetzartikel wurde allen früheren Gesetzen, welche die Entfernung nicht ungarischer Soldtruppen anordneten und zur Einführung nicht ungarischer Truppen die Genehmigung der Stände verlangten, derogirt. In der Waffengewalt des Königs war das Recht enthalten, die zur Bildung eines stabilen regulären Heeres erforderliche dienstpflichtige Bevölkerung auszuheben oder anzuwerben, auszurüsten, Offiziere zu ernennen, Festungen anzulegen und zu armiren, die Behörden und Anstalten zu organisiren, welche die technische Leitung des Militärwesens übernehmen und für Befriedigung der ökonomischen Bedürfnisse sorgen Ebenso erstreckt sich das Waffenrecht des ungarischen Königs auch auf die sogenannte Greuzmiliz und wird die Errichtung, Herstellung, Erhaltung und Verwaltung der Militärgränze dem Könige allein ohne allen Einfluss der Stände zugeschrieben. Ebenso wird dem Könige die Ausübung der Polizeigewalt und das Recht, in dieser Richtung regelmässig ohne Mitwirkung und Zustimmung der Stände Gesetze und Verordnungen zu erlassen, zugeschrieben.

Nicht minder waren die Regalien, insoferne nicht zu Gunsten der Stände besondere Ausnahmen bestanden, dem absoluten Rechte des Königs zugewiesen. Daraus erklärt sich die Möglichkeit, dass in dem Kreise dieser Angelegenheiten Anordnungen getroffen wurden, die mit den Normen und Institutionen der übrigen Erbländer übereinstimmten, ja dass diese für die gesammte Monarchie erlassenen Gesetze und Verordnungen wenigstens scheinbar aus einer die ungarische Staatsgewalt überragenden Centralgewalt zu fliessen schienen und dass es Centralbehörden gab, welche entweder unbestreitbarer Maassen ihre Wirksamkeit auf die gesammte Monarchie ausdehnten, oder wenigstens die speziell ungarischen Behörden instruirten, so dass letztere in eine Art Unterordnung gerathen waren.

Die Verwaltungsorgane, wie sich dieselben historisch entwickelt hatten und seit Anfang dieses Jahrhundertes stabil geworden waren, lassen sich in folgendes Schema bringen: die Leitung der auswärtigen Verhältnisse erfolgte durch die g e h e i m e H a u s - H o f - und S t a a t s k a n z l e i, während der H o f k r i e g s r a t h eine zur Verwaltung des gesammten Militärwesens von Alters her bestehende Behörde war. Diese beiden Behörden können wir als wirkliche Reichsbehörden ansehen, deren Bestand einen staatsrechtlichen Charakter hatte.

Die übrigen Centralbehörden hatten dagegen einen territorial beschränkten Wirkungskreis, indem die vereinigte Hofkanzlei, die Studienhof-Kommission, die allgemeine Hofkammer, die Hofkammer in Münz- und Bankwesen, die oberste Justizhofstelle, die Polizei- und Censurhofstelle auf die deutschen, böhmischen, galizischen und italienischen Erbländer sich beschränkten, während die k. ungarische Hofkanzlei und die k. siebenbürgische Hofkanzlei Hofstellen der Länder der ungarischen Krone waren und die Hoheitsrechte des Königs von Ungarn und Siebenbürgen durch besondere Landesbehörden als die k. ungarische Statthalterei, die k. ungarische Hofkammer, die k. ungarische Septemviraltafel und das k. siebenbürgische Gubernium ausgeübt wurden.

VI. Die Verfassungsgeschichte der Neuzeit hat drei Momente zu verzeichnen: Die Annahme des österreichischen Kaisertitels, die Auflösung des deutschen Reiches und die Begründung des modernen Verfassungsstaates.

Die durch das kaiserliche Patent vom 11. August 1804 (pol. Ges. S. XXII Bd. Nr. 28 [22]) erfolgte Annahme des österreichischen Kaisertitels war ein Souveränitätsakt der Krone. Gegründet wurde die Kaiserwürde auf dem untrennbaren Ge-

---

[22]) Vgl. den Wortlaut des Patentes im Anhange.

sammtbesitze der unter dem österreichischen Erzhause verbundenen Königreiche und Länder, ohne dass durch die Annahme der Kaiserwürde der staatsrechtliche Zustand der einzelnen Länder eine Veränderung erleiden sollte. Das Patent hebt aber insbesondere das Königreich Ungarn und die mit demselben vereinigten Länder einerseits und diejenigen Erbstaaten, welche bisher mit dem deutschen Reiche im unmittelbaren Verbande standen andererseits hervor und bemerkt rücksichtlich der letzteren, dass dieselben in Zukunft die nämlichen Verhältnisse mit dem deutschen Reiche in Gemässheit der dem österreichischen Erzhause reichsrechtlich ertheilten Privilegien beibehalten sollen.

Sinn und Bedeutung dieses Patentes lassen sich in folgenden Sätzen ausdrücken:

1. Der Titel eines erblichen Kaisers ist zunächst eine persönliche Würde des gemeinsamen Monarchen der in unzertrennbarer Verbindung stehenden Königreiche und Länder.

2. Hergenommen ist der Titel von dem Namen des Erzhauses; derselbe knüpft somit an das alte Reichsland Oesterreich an, dem reichsrechtlich jede Art der Vergrösserung — und die Anwendung der demselben verliehenen Privilegien auf allen Zuwachs garantirt war.

3. Die Kaiserwürde ist ein Symbol der realen Vereinigung aller einzelnen Länder; doch kommt der Dualismus zwischen dem Königreiche Ungarn und den damit vereinigten Ländern einerseits und zwischen denjenigen Erbstaaten, welche bisher mit dem römisch-deutschen Reiche im unmittelbaren Verbande gestanden sind, in dem Wortlaute des Patentes zum Ausdruck.

4. Der Ausdruck „Kaiserthum Oesterreich" (im objectiven Sinne) bedeutet nach dem Wortlaute des Patentes die Gesammtheit der durch Realunion verbundenen Königreiche und Länder als Gesammtmacht im Systeme der coexistenten fremden Staaten.

5. Wie bereits früher in den zum deutschen Reiche gehörig gewesenen Ländern die Regentenpersönlichkeiten der einzelnen Länder durch die kaiserliche Majestät verdunkelt und durch die Cumulirung und Concentration der einzelnen Staats-

gewalten absorbirt worden waren, ebenso blieb in diesem Bereiche nunmehr die Regentenpersönlichkeit des östereichischen (Erb-) Kaisers die allein hervortretende, während sich in Ungarn und seinen Nebenländern der Dualismus der Regentenpersönlichkeiten des Kaisers und Königs zeigte, weil daselbst eine ähnliche Absorption nicht stattgefunden hatte. — Die Persönlichkeit des Königs tritt in den internen ungarischen Angelegenheiten hervor; die Persönlichkeit des Kaisers dagegen wird in den unbeschränkten Reservatrechten des Herrschers, insbesondere der Führung der auswärtigen Angelegenheiten, der Organisation und Leitung des stehenden Heeres und der Disposition über die Kammereinkünfte zu gemeinsamen Zwecken der gesammten Monarchie in den Vordergrund gestellt.

Die Auflösung des deutschen Reichskörpers durch die Ereignisse des Jahres 1805 und die Lossagung der den Rheinbund bildenden Reichsstände fand ihren formellen Ausdruck in dem Abdicationspatente Kaiser Franz II. vom 6. August 1806. In demselben wird das Band, das den Kaiser bisher an den Staatskörper des deutschen Reiches gebunden hatte, für gelöst angesehen, sowie Amt und Würde des Reichsoberhauptes für erloschen erklärt. Der Kaiser betrachtet sich von allen übernommenen Pflichten gegen das deutsche Reich losgezählt und legt die bis jetzt getragene Kaiserkrone und geführte kaiserliche Regierung nieder. Ebenso zählt er wechselseitig seine sämmtlichen deutschen Provinzen und Länder von allen Verpflichtungen, die sie unter was immer für einen Titel bisher gegen das deutsche Reich getragen haben, los. Die Bedeutung dieses Staatsaktes liegt in der Gewinnung der vollen Souverainität für alle Gebietstheile der Monarchie. Wenngleich die Oberhoheit von Kaiser und Reich seit dem westphälischen Frieden zu einem wesenlosen Schattenbilde geworden war und insbesondere den grösseren Territorien gegenüber thatsächlich nicht ausgeübt wurde; — wenngleich die deutschen Erbländer des Hauses Oesterreich im Reiche eine privilegirte Stellung einnahmen und ihnen gegenüber die Souverainität des Reiches durch das Zusammentreffen des reichsoberhauptlichen Amtes und der landesherrlichen Gewalt in einer Person noch weiter in den Hintergrund gedrängt wurde: so zeigten sich doch noch immer einzelne Konsequenzen des Reichsverbandes, wie denn auch die Literatur des innerösterreichischen und böhmischen Staatsrechtes, diesen Verhäitnissen Rechnung tragend, auf dem Boden des Reichsrechtes steht. Rechtlich wurde daher die Souveränität des österreichischen Kaisers erst die durch Auflösung des deutschen Reiches hergestellt.

Die Begründung des modernen Verfassungsstaates in Oesterreich zeigt zwei nebeneinander laufende Strömungen. Die eine bezieht sich auf die Organisation des Staatskörpers und der Staatsgewalt; die andere dagegen auf die rechtliche Stellung der Unterthanen gegenüber der Staatsgewalt. Die Entwicklung nach der ersten Richtung wird beeinflusst durch einander bekämpfende entgegengesetzte Tendenzen, durch das Streben nach Concentration einerseits, Decentralisation oder Föderation andrerseits.

Die Verfassungsurkunde vom 26. April 1848, flüchtig im Drange des Augenblickes entworfen, denkt im § 1 an einen Gesammtstaat, indem daselbst bestimmt wird, dass alle zum östereichischen Kaiserstaate gehörigen Länder eine untrennbare Monarchie bilden. Im § 2 wird aber die Wirksamkeit dieser Verfassungsurkunde auf den dermal im Reichsrathe vertretenen Länderkomplex beschränkt; denselben versucht diese Verfassungsurkunde als Einheitsstaat zu organisiren, die Provinzialstände als blosse Selbstverwaltungskörper beibehaltend und anerkennend (vgl. §. 54.).

Im Gegensatz dazu versucht der Kremsierer Verfassungsentwurf eine bundesstaatliche Organisation dieses Länderkomplexes durch Unterscheidung der sich auf die Gesammtheit desselben erstreckenden Central- oder Reichsregierungsgewalten und der sich auf ein einzelnes Reichsland beziehenden Landesregierungsgewalten (vgl. § 34). Die gesetzgebende Reichsgewalt wird vom Kaiser gemeinschaftlich mit dem Reichstage, die jedem Lande überlassene gesetzgebende Gewalt vom Kaiser als Landesoberhaupt gemeinschaftlich mit dem Land- oder Kreistage ausgeübt. Die vollziehende Reichsgewalt wird vom Kaiser allein durch verantwortliche Minister ausgeübt. Die Statthalter (Gouverneure) in den einzelnen Reichsländern sollen eine Doppelstellung einnehmen; sie sind einerseits für den Vollzug der Reichsgesetze verantwortlich und daher Organe der Reichsgewalt; andererseits sind sie Organe der Landesregierungsgewalt und daher für Vollziehung der Landesgesetze verantwortlich. Die richterliche Gewalt wird durch die Reichsgewalt im Namen des Kaisers ausgeübt.

Die Verfassung vom 4. März 1849 versuchte bekannter Massen die Gesammtmonarchie als Einheitsstaat zu konstituiren, jedoch mit Bestellung von Landtagen zur Mitwirkung bei der Gesetzgebung in Landesangelegenheiten und mit dem Rechte, die Ausführung der Landesgesetze zu überwachen (vgl. §. 37. 80.) Durch das kaiserl. Patent vom 31. Dezember 1851 wurde diese Verfassung als den Verhältnissen des österreichischen Kaiserstaates unangemessen und in dem Zusammenhange ihrer Bestimmungen unausführbar aufgehoben, — die Einheit und Untheilbarkeit der Monarchie unter Einem aufrechterhalten und nach neunjährigem Bestande eines zentralisirten Einheitsstaates erst durch das kais. Diplom vom 20. Oktober 1860 mit Rücksicht auf die gleichzeitig theilweise wiederhergestellten verfassungsmässigen Institutionen Ungarns und die diesem Lande zukommende politische und Justizverwaltung eine neue Organisation der Gesammtmonarchie als decentralisirter Einheitsstaat versucht, innerhalb dessen dem Königreiche Ungarn und seinen Nebenländeren Autonomie im Sinne ihrer früheren Verfassung und ein besonderes Behördensystem für seine Landesangelegenheiten gewährt wurde. In Consequenz dessen wurden durch ein gleichzeitig erlassenes allerhöchstes Handschreiben die Ministerien der Justiz, des Innern und des Unterrichtes als allgemeine Centralbehörden aufgehoben, die königl. ungarische sowie die siebenbürgische Hofkanzlei wieder hergestellt, während die oberste Leitung der administrativ-politischen Angelegenheiten der anderen Länder der Monarchie einem „Staatsministerium" zugewiesen wurde, in dem ein eigenes kroatisch-slavonisches Departement bestehen sollte. Hinsichtlich der Justizangelegenheiten und der Rechtsprechung in Ungarn wurde die Wiederherstellung der königl. Curie unter Vorsitz des judex curiae in Pest verfügt, während der Präsident des obersten Gerichtshofes der übrigen Länder im Ministerrathe die Interessen und den Standpunkt der Justiz zu vertreten hatte. Es wurde somit der Behördenorganismus streng nach den Grundsätzen des Provinzialsystems eingerichtet, so dass als Centralstellen für die gesammte Monarchie nur das Ministerium des Aeussern, des Krieges und der Finanzen übrig blieben, während die Hofkanzleien und das Staatsministerium nur einen territorial beschränkten Wirkungskreis hatten. Diese Verwaltungsorganisation war nur eine Folge des im Octoberdiplom enthaltenen Principes, die Kompetenz der auf den ganzen Umfang der Monarchie sich ausdehnenden Reichsgesetzgebung und Reichsverwaltung auf einen bestimmten allerdings nur demonstrativ aufgezählten Wirkungskreis der allen Königreichen und Länder gemeinsamen Rechte, Pflichten und Interessen zu beschränken, die übrigen materiellen Aufgaben des Staatslebens unter die zur ungarischen Krone gehörenden Königreiche und Länder sowie die übrigen Erbländer in der Art aufzutheilen, dass innerhalb der letzteren für den bisher unter diesen Ländern gemeinsamen Kreis von Verwaltungsgeschäften und Gegenständen der Gesetzgebung auch noch fernerhin die gemeinsame Behandlung und Entscheidung durch die Reichsgewalt vorbehalten blieb.

Im politischen Parteikampfe wurde oft ganz übersehen, dass die im Art. I des Diploms bezüglich der Gesetzgebung gemachte Zusage nur dahin geht, dass das Recht Gesetze zu geben, abzuändern und aufzuheben in Hinkunft unter M i t w i r k u n g der Landtage beziehungsweise des Reichsrathes ausgeübt werden soll, ohne diesen Begriff der Mitwirkung zu bestimmen, und ohne insbesondere darüber aufzuklären, ob diese Mitwirkung blosser Beirath oder wirkliche Zustimmung sein sollte. Fast ist man versucht, nur an erstere zu denken, weil im Art. II des Diplomes die Mitwirkung bei der Gesetzgebung von der bei Einführung neuer Steuern und Auflagen u. s. w. zugestandenen Nothwendigkeit der Zustimmung geschieden wird.

Nichts lag aber dem Oktoberdiplome ferner, als die Begründung eines föderativen Staatensystems. Diess zeigt sich insbesondere in der Bestimmung des Art. II des Diploms, welcher die Finanzgewalt dem Staate und Reiche allein vorbehält; denn auch die durch eigene Organe geführte autonome Verwaltung Ungarns und seiner Nebenländer empfängt im Reichsbudget ihre wirthschaftliche Grundlagen. Die gleichzeitig mit dem Octoberdiplome für Steiermark, Kärnthen, Salzburg und Tirol erlassenen Landesstatuten zeigten, dass im Wesentlichen nur an eine Restauration der alten Landstände gedacht wurde, denen ein nicht näher bestimmtes Recht der Mitwirkung bei der Gesetzgebung und gewisse Agenden der Selbstverwaltung zugewiesen wurden. Das Oktoberdiplom war somit im Wesentlichen nur eine Restauration der früheren Landstände in Ungarn und in den übrigen Ländern, nur mit einigen durch die eingetretene gesellschaftliche Wandlung der Verhältnisse bedingten Modificationen und mit schärferer Hervorhebung einer einheitlichen Reichsgewalt, der gegenüber bezüglich Ungarns und seiner Nebenländer eine unvollständige Incorporation (incorporatio minus plena) stattgefunden hat. Der König von Ungarn übt durch seine Hofkanzlei und sonstigen besonderen ungarischen Verwaltungsbehörden und Gerichte in den internen ungarischen Angelegenheiten einen selbstständigen Complex von Hoheitsrechten aus. Rücksichtlich der mit den ungarischen Landständen getheilten Comitialrechte wird in Betreff eines gewissen Kreises von Gegenständen der Gesetzgebung die frühere ungarische Verfassung aufrecht erhalten. (Art. III). Es ist somit der durch diese unvollständige Incorporation bedingte historische Dualismus wieder zur rechtlichen Anerkennung gelangt, insoferne die Stellung Ungarns einerseits und der übrigen Länder andererseits zu der kaiserlichen Gewalt eine verschiedene ist. Diess ist dahin zu konstruiren: An und für sich sind alle einzelnen Königreiche und Länder Objecte der kaiserlichen Gewalt, in Ungarn ist jedoch die kaiserliche Gewalt für einen gewissen Kreis von Objecten ausser Wirksamkeit gesetzt durch die erhaltene Staatsgewalt des Königs von Ungarn, während in den übrigen Ländern die Staatsgewalt des Kaisers allein wirksam ist. Doch sind hier andererseits der Staatsgewalt gewisse selbstaufgerichtete Schranken gezogen durch Anerkennung der Kronländer als Selbstverwaltungskörper und sind in dem engeren Reichsrathe und in den Landtagen Rudimente einer Mehrheit von Organen gegeben, die bei Zustandekommen des Staatswillens mit dem Kaiser mitzuwirken haben. Praktisch zeigt die Verschiedenheit folgende Consequenzen: Ungarn ist der Gesammtmonarchie gegenüber ein unvollständig inkorporirter Staat, mit einem auf gewisse Objecte beschränkten Staatswillen, dem jedoch eine selbstständige Finanzgewalt mangelt. Die anderen Länder hingegen sind der Monarchie vollständig inkorporirt, sie sind daher überhaupt keine Staaten mehr, sondern Theile des Staatsganzen, jedoch mit Anerkennung der juristischen Persönlichkeit für gewisse Aufgaben der Selbstverwaltung und sind innerhalb dieses Kreises zugleich selbstständige Finanzkörper.

Durch das kaiserliche Handschreiben an den Ministerpräsidenten Grafen Rechberg vom 20. October 1860 wurde die Zahl der von den Landtagen in den Reichsrath zu entsendenden Mitglieder auf Hundert festgesetzt, deren Vertheilung auf die einzelnen Länder im Verhältnisse der Ausdehnung, Bevölkerung und Besteuerung derselben zu erfolgen hatte. Die hierauf bezüglichen Bestimmungen, ebenso wie alle Veränderungen, welche in den früheren, den Reichsrath betreffenden Patenten und Erlässen durch spätere allerhöchste Entschliessungen erfolgt waren, sollten in einem der kaiserlichen Genehmigung vorzulegenden organischen Reichsrathsstatute zusammengefasst werden.

Durch das kaiserliche Patent vom 26. Februar 1861 und das mit demselben kundgemachte Staatsgrundgesetz über die Zusammensetzung des zur Reichsvertretung berufenen Reichsrathes und dessen Mitwirkung bei der Gesetzgebung wurden, wie Lustkandl (Oesterreichisches Staatsrecht S. 382) bemerkt, Bestimmungen in Betreff der Bildung des Reichsrathes, des Inhaltes seines Rechtes und der Objecte seiner Wirksamkeit getroffen. Die Gliederung des Reichsrathes in zwei Häuser, die Vermehrung der Zahl der Mitglieder des Abgeordnetenhauses (auf 353), die Definition des unbestimmten Ausdruckes „Mitwirkung" im Octoberdiplome als Nothwendigkeit der Zustimmung zum Zustandekommen von Gesetzen, die logischeren Anordnungen der Objecte der Wirksamkeit des Gesammtreichsrathes werden als authentische Interpretation, als Stärkung, Erweiterung, Mehrung und Fortbildung des Oktoberdiploms von den Anhängern der österreichischen Gesammtstaatsidee und des repräsentativen Systems begrüsst, während von Seiten Ungarns „auf die Verschiedenheiten zwischen den leitenden Gedanken des

Diploms vom 20. Oktober 1860 und der Ausführung vom 26. Februar 1861 hingewiesen" und „die Verwandlung des aus einer mässigen Anzahl Delegirter der Landtage zusammengesetzten Reichsrathes in eine in gewissen Fällen selbst im Wege directer Wahlen zu bildende Reichsvertretung" bekämpft wird. — Allein es ist als Consequenz des in dem Oktoberdiplome festgehaltenen Einheitsstaates wohl daran festzuhalten, dass auch der Reichsrath des Oktoberdiploms nicht eine blosse Summe von Delegirten der Landtage und eine von den Landtagen in ihren Willensentschliessungen abhängige Versammlung, sondern ein einheitliches Collegium, ein selbstständiges Organ, welches zur Mitwirkung bei Ausübung der Reichsgewalt berufen war, sein sollte. Für die entgegengesetzte Ansicht lässt sich Nichts aus dem Wortlaute des Oktoberdiploms anführen, wohl spricht aber für unsere Meinung der Umstand, dass man juristisch die Form der Berufung oder der Bildung eines staatlichen Organes von dem Inhalte seines Rechtes zu unterscheiden hat.

Das Staatsrecht bedarf bestimmter juristischer Thatsachen, um die persönlichen Träger des staatlichen Willens zu gewinnen und damit die Staatsgewalt zur concreten Erscheinung zu bringen. Allein sobald diese staatsrechtlichen Thatsachen ihre Wirkung erzielt haben, hört der Zusammenhang zwischen Grund und Folge auf, das staatsrechtliche Organ wird losgelöst von den Faktoren und Elementen seiner Entstehung und führt ein selbstständiges Leben. So bedient sich beispielsweise das Staatsrecht bei Berufung des Monarchen als höchsten Willensträgers der Staatsgewalt des Erbrechtes; allein diese aus dem Privatrechte hergeholte Form der Berufung bleibt für den Inhalt des Monarchenrechtes ohne Einfluss und es würde einen Grundirrthum bedeuten, von einer Staatsverlassenschaft und einer Succesion in dieselbe zu reden. Ebenso hört bei Bildung der Volksvertretung durch Wahl jeder Zusammenhang zwischen Wählern und Gewählten auf, — die Gewählten sind keineswegs privatrechtliche Mandatare der Wähler. —

Die weiteren Verfassungsänderungen durch das kais. Patent vom 20. September 1865, durch die Anerkennung der 1848er ungarischen Gesetzartikel und die Gesetze vom 21. Dezember 1867 werden theils bei Darstellung des ungarischen Verfassungsstreites, theils in. Rechte der Gegenwart ihre Erledigung finden; es wird daher nur noch die zweite Strömung des Verfassungslebens, die sich auf die Rechtsstellung der Unterthanen und die Begrenzung der Staatsgewalt gegenüber denselben bezieht, kurz anzudeuten sein.

Den Inhalt derselben bildet der Sieg der staatsbürgerlichen Gesellschaft über die Rechte der ständischen Ordnung, insoferne durch Aufhebung der bäuerlichen Unterthänigkeit die direkte Unterordnung aller Staatsbürger unter die Staatsgewalt hergestellt, durch die Grundentlastung die Unfreiheit des Grundbesitzes beseitigt wird, und bezüglich des Rechtes zum Besitz, Erwerb und Beruf eine principielle Gleichstellung aller Staatsbürger stattfindet. Hieran hat selbst die zeitweise rückläufige Bewegung des Verfassungsrechtes Nichts geändert, so dass die Gleichheit der Unterthanen vor dem Gesetze, die von Stand und Geburt unabhängige Aemterfähigkeit, die Allen obliegende gemeinsame gleiche Wehr- und Steuerpflicht, die Unzulässigkeit und Ablösung des bäuerlichen Unterthänigkeitsbandes und der damit verbundenen Leistungen aufrecht bestehen blieben.

VII. Es erübrigt in diesem Abschnitte nur noch eine kurze Skizze des ungarischen Verfassungsstreites.[23]

Die ungarischen Gesetzartikel des Jahres 1848 hatten einen doppelten Zweck: Feststellung der verfassungsmässigen Selbstständigkeit des Königreiches Ungarn und seines Verhältnisses zu den übrigen Ländern der Monarchie; dann die Umwandlung des ständischen in ein repräsentativ konstitutionelles System (vgl. Lustkandl: Das österr. ung. Staatsrecht S. 332.)

In der letzten Richtung sind bedeutsam:

1. Der VIII. Gesetzartikel von der gemeinsamen Besteuerung, wodurch bestimmt wird, dass in Hinkunft alle Bewohner Ungarns und der damit verbundenen Theile ohne Unterschied gleichmässig und den Verhältnissen angemessen alle öffentlichen Lasten zu tragen haben.

2. Der XI. Gesetzartikel, welcher die Aufhebung der auf Grund des Urbariums und der dieses ergänzenden Verträge bis dahin üblich gewesenen Leistungen (Robot), des Zehntes und

---

[23] Der ungarische Verfassungsstreit urkundlich dargestellt im Staatsarchiv von Aegidi 1861. (Beilageheft.)

der Geldabgaben gegen unter den Schild der Nationalehre gestellte Schadloshaltung der Privatgrundherren verfügt.

3. Der IV. Gesetzartikel von den jährlichen Landtagsizzungen, welcher bestimmt, dass der Landtag künftighin alljährlich und zwar in Pest seine Sitzungen halten wird, daher die Deputirten auf einen drei Jahre dauernden Landtag und für alle dreijährlichen Sitzungen desselben gewählt werden.

4. Der V. Gesetzartikel von der Wahl der Landtagsdeputirten auf Grundlage der Volksvertretung.

In der ersten Richtung dagegen liegt der Schwerpunkt, in dem denkwürdigen III. Gesetzartikel des Jahres 1848 *von der Bildung eines verantwortlichen unabhängigen ungarischen Ministeriums.*

Es ist bekannt, dass die Verfassung vom 4. März 1849 den Versuch machte, aus dem ganzen Länderkomplexe der österr.-ung. Monarchie einen Einheitsstaat zu bilden und daher die Bestimmungen der ungarischen Verfassung, welche mit der Reichsverfassung nicht im Einklange stehen und insbesondere die rücksichtlich ihrer formellen Giltigkeit angefochtenen 1848er Gesetzartikel ausser Wirksamkeit setzte.

Als durch das kais. Handschreiben vom 20. Oktober 1860 auf Grund des die inneren staatsrechtlichen Verhältnisse der Monarchie nach den Ideen eines decentralisirten Einheitsstaates regelnden Diplomes vom 20. Oktober 1860 die verfassungsmässigen Institutionen des Königreiches Ungarn wieder ins Leben gerufen wurden, wurde zugleich erklärt, dass der althergebrachte Grundsatz des ungarischen Staatsrechtes, demzufolge die gesetzgebende Gewalt d. i. das Recht, Gesetze zu geben, abzuändern, auszulegen oder aufzuheben, nur von dem gesetzlichen Landesfürsten in Gemeinschaft mit dem Landtage ausgeübt und ausserhalb derselben nicht zur Geltung gebracht werden soll, in dem Königreiche Ungarn rücksichtlich der Kompetenz des ungarischen Landtages mit alleiniger Ausnahme jener Gegenstände wieder in Wirksamkeit zu treten habe, die dem Wirkungskreise des (Gesammt-) Reichsrathes nach Art. II. des Diploms von 20. Oktober 1860 vorbehalten waren.

Weiter verfügte dieses a. h. Handschreiben: „Indem ich für die Einberufung des nächsten ungarischen Landtages die durch den dritten Gesetzartikel 1608 in Betreff der Form und der Art seiner Zusammensetzung festgestellten Bestimmungen mit Berücksichtigung der einzelnen Corporationen seither durch spätere Gesetze verliehenen speciellen Beschickungsrechte zur Grundlage genommen wissen will, und in Betreff der unverkennbar nothwendigen und durch wiederholte Landtagsbeschlüsse und Gesetze vorbehaltenen definitiven Organisation des Landtagskörpers die Berathungen dem ersten ungarischen Landtage verweise, ist es dennoch mein fester Wille, nach Aufhebung der Privilegial-Stellung des Adels, Einführung der Aemter- und Besitzfähigkeit für alle Klassen ohne Unterschied der Geburt, nach Beseitigung der bäuerlichen Frohnen und Leistungen, ebenso wie im Sinne der Einführung der allgemeinen Wehr- und Steuerpflicht, unter den von Mir für den nächsten Landtag provisorisch festzustellenden Bestimmungen, die in früherer Zeit nicht wahlberechtigten Klassen meiner Unterthanen des Königreiches Ungarn an den Landtagswahlen Theil nehmen zu lassen, indem Ich die diesen Klassen durch die Gesetzartikel 8, 9, 10 und 13 des Landtages 1847/48 zugesprochenen Rechte neuerdings anerkenne und bestätige, *in Betreff der übrigen an diesen Landtag gebrachten Gesetze aber, die mit meinem heute erlassenen Diplom und meinen Entschliessungen im Widerspruche stehen, die landtägliche Revision und Aufhebung vorbehalte."*

Das a. h. Reskript an den ungarischen Landtag vom 21. Juli 1861 in Antwort auf die Adresse desselben vom 6. desselben Monats bemerkt, dass die Inslebenberufung der Personalunion zwar durch die Gesetz-Artikel vom Jahre 1847/48 versucht wurde, **aber in nicht geringem Widerspruche** zu der in der Einleitung dieser Gesetze enthaltenen Aeusserung, wornach die Einheit der Krone und die Verpflichtungen Ungarns der Gesammtmonarchie gegenüber unverletzt zu bleiben haben. Jene Bestimmungen der 1848er Gesetze, durch welche die privilegirte Stellung einzelner Stände aufgehoben, die allgemeine Besitz- und Amtsfähigkeit eingeführt, das Urbarium, die Zehnte und andere Unterthanspflichten abgeschafft, die gemeinsame Tragung der Lasten und die allgemeine Militärpflichtigkeit ausgesprochen, endlich das Wahlrecht auch auf alle jene Volksklassen ausgedehnt wurde, welche vordem das Wahlrecht nicht besassen, werden in diesem ah. Reskripte neuerlich anerkannt; — dagegen werden die übrigen Theile der 1848er Gesetze mit dem klaren Inhalte der pragmatischen Sanction unvereinbar, und vom rechtlichen Standpunkte aus unzulässig erklärt und die Revision dieser Gesetze im Geiste der pragmatischen Sanction und auf eine den Interessen des Gesammtstaates entsprechende Weise gefordert.

Der Ausgang des ungarischen Verfassungsstreites ist uns Allen noch in lebhafter Erinnerung. Angebahnt wurde derselbe durch das kais. Manifest und Patent vom 20. September 1865, welches wie Lustkandl (Abhandlungen aus dem österr. Staatsrechte S. XIV) bemerkt, kein positives Verfassungsgesetz, sondern nur eine kaiserliche Willenserklärung darüber, wie und auf welchem Wege die staatsrechtlichen Fragen zu lösen seien, verbunden mit einer auf kaiserlicher Nothverordnung beruhenden transitorischen Sistirung des Grundgesetzes über die Reichsvertretung ist.

Zur Beendigung gelangte der ungarische Verfassungsstreit durch die Bildung des ungarischen Ministeriums vermöge allerhöchsten Handschreibens vom 17. Februar 1867, durch die 1. und 2. Gesetzartikel vom Jahre 1867 über die Krönung und das Inauguraldiplom, dann durch die, die 1848er Gesetze modificirenden Gesetzartikel VII. und VIII. von 1867. Der erstere setzte die auf den Wirkungskreis des Palatins als königl. Statthalter bezüglichen Bestimmungen der §§. 2, 3, 9, 11, 17, 19, 24 und 38 des III. Ges.-Art. vom Jahre 1848 ausser Wirksamkeit, setzte und schob die Wahl eines Palatins für solange auf, bis der Wirkungskreis der Palatinswürde im Einklange mit den Principien des verantwortlichen Regierungssystems geregelt sein wird, während der letztere dagegen gleichfalls in Abänderung des §. 12 des III. Ges. Art. 1848 verfügte, dass nunmehr die Ministercollegen über Vorschlag des Ministerpräsidenten von Seiner Majestät ernannt werden. Den Schlussstein endlich bildet der XII. G. Art. 1867 über die zwischen den Ländern der ungarischen Krone und den übrigen unter der Regierung Seiner Majestät stehenden Ländern obschwebenden gemeinsamen Angelegenheiten und den Modus ihrer Behandlung.

Damit sind wir zur Gegenwart gelangt.

III. Das Verfassungsrecht der Gegenwart.

I. In der gehaltreichen Abhandlung „*die rechtliche Natur der österreichisch-ungarischen Monarchie*" sucht Bidermann die österr.-ungarische Monarchie als Staatenstaat darzustellen. Derselbe verwirft die Begriffe Personal- und Realunion, da er in denselben keine Rechtsgebilde, sondern nur Ausgangspunkte von Rechtsgestaltungen oder die Wirkungen solcher sieht, welche auf ein einheitliches Princip zurückzuführen in der Regel schwer hält. Statt also den Massstab der Real- und Personalunion an die österreichisch-ungarische Monarchie zu legen und damit einen im besten Falle unnützen oder nur zum Ausweichen geeigneten Umweg einzuschlagen, empfehle es sich, die hier aufzuwerfenden Fragen so zu formuliren, dass bei Beantwortung derselben sofort sich zeigt, ob die Staaten der Monarchie ein staatsrechtlicher oder nur ein völkerrechtlicher Verband zusammenhält, ob dieses Gemeinwesen somit ein Staatenbund oder ein Bundesstaat sei. Das entscheidende Kriterium in der letzteren Auffassung sei der rechtliche Bestand einer selbstständigen, die betreffenden Staaten überragenden, sie beherrschenden Centralgewalt.

Die Existenz einer solchen Centralgewalt für die Periode vor 1848 wird nun behauptet. Die Competenzen dieser Centralgewalt bestanden in der Leitung der auswärtigen Angelegenheiten, der Kriegsherrlichkeit und obersten Polizeihoheit. Dazu kommen die Ehrenrechte der Centralgewalt: das Recht, einen auf die ganze Monarchie bezüglichen Hofstaat zu führen, das Recht, sich des kaiserlichen Titels zu bedienen und sich mit der österreichischen Hauskrone zum Kaiser von Oesterreich krönen zu lassen, — das Recht, das österreichische Reichswappen zu führen, — der Ertheilung von Würden und Orden u. s. w.

Die rechtliche Existenz dieser Centralgewalt sei auch durch die ungarischen 1848er Gesetze nicht berührt worden, und auch in den 1867 Ausgleichsgesetzen seien keine Bestimmungen enthalten, welche diese Centralgewalt beseitigen vielmehr seien einzelne Befugnisse derselben darin ausdrücklich als zu Recht bestehend anerkannt. So die einheitliche Leitung, Führung und innere Organisation der Armee; — das Recht, falls die Theilstaaten Oesterreich und Ungarn über das Verhältniss, in welchem sie an der Bestreitung der gemeinsamen Auslagen zu partizipiren haben, sich nicht zu einigen vermögen, dieses Verhältniss interimistisch festzusetzen; — das Recht, die gesammten Sicherheitserfordernisse der Monarchie endgiltig zu präliminiren und zur Deckung des hiedurch bedingten Aufwandes die beiden Reichshälften nach der vereinbarten Proportion in Anspruch zu nehmen; — das aktive und passive Gesandschaftsrecht, das Recht, nach seinem Ermessen Krieg zu erklären und Frieden zu schliessen, ebenso Staatsverträge, welche keinerlei Belastung Einheimischer nach sich ziehen, noch eine Gebietsabtretung zum Gegenstande haben, einzugehen. Ebenso werden andere Befugnisse gewohnheitsmässig ohne Widerspruch ausgeübt, — so die Requisition verschiedener Naturleistungen für Kriegszwecke, das Recht, Soldaten anzuwerben, das Pulverregal, die fortifikatorischen Bauverbote, der kriegsherrliche Einfluss auf die Anlage und den Betrieb öffentlicher Transportsunternehmungen. Durch das Gesetz vom 16. April 1873 sei endlich der Centralgewalt das Recht, Privatpferde für Kriegszwecke zu requiriren, gesichert.

Diese Befugnisse übe der Gesammtmonarch kraft seiner untheilbaren Herrscherrechte aus, die ihm die pragmatische Sanction verbürgt habe. Er thue diess als Träger einer selbstständigen Centralgewalt, die er sich nicht erst durch die Ausgleichsgesetze übertragen zu lassen brauchte.

Oesterreich und Ungarn seien Theilstaaten nicht deshalb, weil sie zusammengenommen die Monarchie ausmachen, sondern im Hinblicke darauf, dass ihre Staatsgewalt eine unvollkommene sei und der Ergänzung durch jene Centralgewalt bedürfe. Organe dieses Gesammtstaates seien: der Gesammtmonarch, die gemeinsamen Minister und die Delegationen. Die neuesten Verfassungsänderungen beurtheilt Bidermann unter folgendem Gesichtspunkt: Nachdem die Centralgewalt durch das Oktoberdiplom ihren Wirkungskreis festgestellt und den weiteren Reichsrath zur Mitwirkung bei der Gesetzgebung berufen hatte, und nachdem diese Verfassungsreform an dem Widerstande der Ungarn und Kroaten gescheitert war, zog sich durch Sistirung des Grundgesetzes über die Reichsvertretung die Centralgewalt wieder in ihre vorige Stellung zurück und nur was sie in den Ausgleichsgesetzen ausdrücklich an den einen oder den anderen Theilstaat abgegeben hat, könne an diesen übergangen angesehen werden. Ihering bemerkt, (Geist des röm. Rechts II. 2. S. 398) dass für die juristische Construction, d. i. für die kunstgerechte Gestaltung eines juristischen Körpers die Uebereinstimmung der begrifflichen Auffassung mit dem gegebenen positiven Stoffe und die innere Widerspruchlosigkeit absolutes Erforderniss sind, während als ästhetischer Leitfaden juristischer Constructionen Anschaulichkeit, Durchsichtigkeit und Natürlichkeit mindestens wünschenswerth sind. Gegen diese nothwendigen und wünschenswerthen Eigenschaften verstösst aber diese Construction des Gesammtstaates.

Sie stimmt zunächst nicht mit dem positiven Stoffe überein, worunter wir die staatsrechtlichen Thatsachen und die positiven Rechtssätze zu verstehen haben.

Ist es richtig, dass die 1848er ungarischen Gesetze den Verband der Monarchie und die konstruirte vormärzliche Centralgewalt respektirten? Hat sich nicht im Gegentheile aus der Darstellung des ungarischen Verfassungsstreites ergeben, dass der Monarch selbst diese Gesetze als mit der pragmatischen Sanction unvereinbar erklärte und eine den Interessen des Gesammtstaates entsprechende Revision verlangte. Ebensowenig deckt sich aber diese Construction mit dem positiven Gesetzstoffe. Der III. ungarische Gesetzartikel 1848 denkt die Staatsgewalt in der Person des König vereinigt und ebenso stellt das österr. Staatsgrundgesetz vom 21. December 1867 über die Regierungs- und Vollzugsgewalt den Kaiser als Träger der Staatsgewalt hin, in keinem dieser beiden Gesetze ist von einer dritten, vom Kaiser und König verschiedenen Gesammtherscherpersönlichkeit die Rede. Auch die Ausgleichsgesetze (XII. ung. Ges.-Artikel 1867 und Ges. vom 21. December 1867) kennen eine solche Gesammtherscherpersönlichkeit nicht und es ist eine unbewiesene Behauptung, dass von dieser in dem § 10 des ung. Ges.-Art. 1867 und den § 3 und 5 des österr. Ges. vom 21. December 1867 die Rede sei. Ebenso spricht, wie Bidermann selbst zugeben muss, der Wortlaut der Ausgleichsgesetze in Betreff der gemeinsamen Minister und der Delegationen und auch der Vorgang bei Vereinbarung der Ausgleichsgesetze gegen diese Theorie. Wäre es richtig, dass die ehemalige Centralgewalt beim Zustandekommen des Ausgleichs einen Theil ihrer Competenzen den beiden Theilstaaten abgegeben, den Rest aber behalten habe, so müsste hierüber eine Willensäusserung dieser Staatscentralgewalt vorliegen.

Wir finden aber im Gegentheile, dass der Kreis der gemeinsamen Angelegenheiten beider Staaten durch materiell übereinstimmende, vertragsmässige Willenserklärungen eines jeden der beiden Staaten fixirt und dass dabei der im ungarischen Gesetz-Artikel XII. 1867 ausdrücklich ausgesprochene Gedanke der staatsrechtlichen Selbstständigkeit beider Staatskörper im Auge behalten wird.

Ist aber diese Gesammtstaatstheorie widerspruchlos? — Auch diess muss man in Anknüpfung an den im ersten Abschnitte entwickelten Begriff des Bundesstaates verneinen. Das Wesen jeder Staatsgewalt besteht in der Herrschaft über unterworfene Subjekte, denen gegenüber dieselbe entweder abstrakt befehlend oder konkret vollziehend auftritt.

Es gibt kein dieser Centralgewalt unterworfenes Gesammtvolk, da es nur österreichische und ungarische Staatsbürger gibt. Es gibt aber auch kein dieser Centralgewalt unterworfenes Gesammtstaatsgebiet, was sich aus § 11 lit. c. des St. G. G. über die Reichsvertretung ergibt, da über Gebietsveränderungen des österreichischen Staatskörpers Organe der österreichischen Staatsgewalt a l l e i n zu entscheiden haben. Es mangelt dieser Centralgewalt an jeder Competenz zur Erlassung von Rechtsnormen (materieller Gesetze), — sie kann nicht, wie das im Wesen einer souverainen Bundesstaatsgewalt liegen würde, ihren Competenzkreis selbständig erweitern ; die gemeinsamen Angelegenheiten beider Staaten sind vielmehr auf e i n e g e m e i n s a m e G e s c h ä f t s f ü h r u n g beschränkt, die aber ihre Grenzen stets durch den materiell übereinstimmenden Gesetzwillen beider Staaten empfängt und bei Geltendmachung obrigkeitlicher Befugnisse z. B. der Militärpflicht, Naturalleistungen für das Heer, den Unterthanen gegenüber an die Rechtsnormen und Organe eines jeden dieser beiden Staaten gewiesen ist.

Und ist es endlich natürlich und anschaulich, wenn wir uns denken sollen, dass eine und dieselbe Person in zwei Staaten herrscht und wieder von sich selbst als Gesammtherrscher beherscht wird?

II. Aus allen diesen Gründen wird es nothwendig, diese Gesammtstaatstheorie mit einer natürlicheren und dem positiven Verfassungsrechte angemesseneren zu vertauschen.

Der zusammengesetzte östereichisch-ungarische Staatskörper kann aber weder unter dem Gesichtspunkt der Personalunion noch des Staatenbundes aufgefasst werden. An das lose Gefüge der Personalunion denkt ohnehin Niemand und wo diese Bezeichnung auftauchte, geschah es entweder in irriger Auffassung de. Begriffes der Personalunion oder der geschichtlichen Grundlagen der Monarchie.

Auch vom Staatenbund kann man nicht reden, da derselbe nur ein völkerrechtliches Societäts-Verhältnis einander sonst fremder Staaten ist.

Die rechtliche Natur der österreichisch-ungarischen Monarchie nach den gegenwärtig geltenden Verfassungsgesetzen wird als Realunion zweier staatsrechtlich und administrativ selbstständiger Staaten zu charakterisiren sein.

Die Grundlage dieser Realunion bildet die pragmatische Sanktion, welche den beiden Staaten durch die nach denselben Principien der Primogenitur, der Linealerbfolge und eventuellen Succession der Cognaten und Weiber geordnete Thronfolge das Zusammenbleiben und die Gemeinsamkeit der Herrscherpersönlichkeit verbürgt.

Die Bedingungen der Succession sind in beiden Staaten dieselben; eine Abänderung des Successionsrechtes und der Thronfolge könnte nicht einseitig, sondern nur durch materiell übereinstimmende Gesetze beider Staaten erfolgen; eine freiwillige Entsagung des Herrschers muss sich auf beide Staaten zugleich beziehen. Der Kaiser und König trägt zwar in seiner Person zwei getrennte Herrscherpersönlichkeiten; diese Trennung beruht aber nur auf einer juristischen Abstraction da physisch nur Ein Träger der Staatsgewalten vorhanden ist. Daraus ergibt sich ein Doppeltes. Zunächst wird dort, wo der

Herrscher persönlich auftritt, diese abstrakte Trennung verschwinden; der Monarch ist Kaiser und König zugleich. Es werden daher alle Einrichtungen und Symbole, welche an die Person des Herrschers anknüpfen, gemeinsam sein, also z. B. Titel, Wappen und Hofstaat des Monarchen sowie Orden und Würden als Ausstrahlungen des Glanzes der Krone, da der die Herrscherpersönlichkeit umgebende Glanz nur der **Einen** physischen Person gilt. Sodann ergibt sich aus der Gemeinsamkeit des Herrschers, wenn auch nicht die rechtliche Nothwendigkeit, so doch die factische Möglichkeit einer materiellen Uebereinstimmung der Willensrichtung beider Staaten, insoferne der Monarch als Kaiser dasselbe will, was er als König gewollt hat und umgekehrt.

Der Zweck dieser Realunion ist die gegen- und wechselseitige Vertheidigung und die Bildung einer politischen Gesammtmacht gegenüber dem Auslande.

Dieser Zweck erfordert die **Verbindung der Mittel und Kräfte beider Staaten** für diesen gemeinsamen und identischen Zweck; rücksichtlich derselben begründet somit die Realunion zugleich ein **Societätsverhältniss**.

Hieraus ergeben sich materiell übereinstimmende Verfassungsbestimmungen über die von beiden Staaten gemeinsam geführte Verwaltung eines gewissen Kreises von Angelegenheiten, dann über Herstellung eines materiell übereinstimmenden Gesetzeswillens beider Staaten auf den die Realunion unmittelbar und mittelbar berührenden Lebensgebieten und über das Societätsverhältniss, sowie über die Fassung von Societätsbeschlüssen.

Ein volles Verständniss dieser Punkte wird davon abhängen, dass man sich die wesentliche Verschiedenheit der beiden Hauptfunctionen des Staatslebens: „**Gesetzgebung**" und „**Verwaltung**" vor Augen hält.

Rechtsnormen mit verbindlicher Kraft und äusserer Autorität durch Gesetzesbefehle aufzustellen, ist eine organische Function des Staatslebens; — ist daher die österreichisch-ungarische Monarchie kein Gesammtstaat, sondern nur eine reale Union zweier Staaten, so kann es auch keine Gesetzesbefehle des sog. Reiches, d. h. der österreichisch-ungarischen Gesammtmonarchie, sondern nur österreichische Gesetze einerseits und ungarische Gesetze andererseits geben. Die Behauptung der Existenz eines gemeinen Reichsrechtes wäre eine contradictio in adiecto; — hingegen ist nicht ausgeschlossen, ja es wird sogar durch die innige Verbindung der beiden Staaten nothwendig, dass die Rechtsnormen in vielen Fällen übereinstimmen, was dadurch erzielt wird, dass der Kaiser und König in jedem der beiden Staaten nur einen materiell übereinstimmenden Gesetzinhalt mit der formellen Gesetzessanction versieht.

V e r w a l t u n g (Laband) bedeutet G e s c h ä f t s f ü h r u n g. Ein grosser Theil der Verwaltungsgeschäfte ist nur faktischer Natur ohne eine begleitende obrigkeitliche Funktion. Diese Natur der Verwaltungsgeschäfte erklärt die Möglichkeit, dass sich selbst einander ganz fremde Staaten für gewisse Angelegenheiten zu gemeinsamer Geschäftsführung verbinden.

Die o b r i g k e i t l i c h e Funktion der Verwaltung beginnt erst dort, wo sich der Staat zur Erreichung eines Verwaltungszweckes kraft seines Herrschaftsrechtes über Land und Leute an den Einzelnen mit konkreten, nöthigenfalls mit Zwang durchzusetzenden Verfügungen wendet. Wo sich nun zwei Staaten zur gemeinsamen Geschäftsführung mit einander verbunden haben, werden solche o b r i g k e i t l i c h e Verfügungen nur von dem vermöge seiner Territorialhoheit kompetenten einzelnen Staate gegen die Einwohner erlassen und durchgesetzt werden können. So können sich z. B. mehrere Staaten zur Bildung eines gemeinschaftlichen obersten Gerichtes verbinden (vergl. Art. XII der deutschen Bundesacte), welches im Namen der betreffenden Staaten die logische Funktion der Urtheilsfindung ausübt, dessen Urtheile in dem einzelnen Staate jedoch nur durch die konkret zuständige Staatsgewalt in Vollzug gesetzt werden können. Nur insoferne die Verwaltung besonderer Organe bedarf, die unter der Herrschaft einer besonderen D i e n s t p f l i c h t stehen, kann von Verfügungen und Verordnungen der gemeinsamen Verwaltung gegenüber diesen unter der Herrschaft einer besonderen Dienstpflicht stehenden Personen die Rede sein.

Diese dem allgemeinen Staatsrechte entnommenen Gesichtspunkte werden das Verständniss der gemeinsamen Angelegenheiten der österreichisch-ungarischen Monarchie und der Art ihrer Behandlung erleichtern.

Zu diesen gemeinsamen Angelegenheiten gehören im Sinne des XII. ungarischen Gesetzartikels 1867 und damit materiell übereinstimmend nach den Gesetze vom 21. Dezember 1867 Nr. 146:

Die auswärtigen Angelegenheiten mit Einschluss der diplomatischen und commerciellen Vertretung dem Auslande gegenüber sowie die in Betreff der internationalen Verträge etwa nothwendigen Verfügungen.

Die auswärtige Verwaltung umfasst die gesammte Thätigkeit, um die Rechte der beiden unirten Staaten oder die Rechte und Interessen der österreichischen oder ungarischen Unterthanen im Auslande zu wahren.

Die Mittel hiezu sind der Verkehr mit fremden Staaten durch Absendung oder Empfang von Gesandten, der Abschluss von Staatsverträgen, die Selbsthilfe durch Repressalien oder Krieg.

Es werden daher das aktive und passive Gesandtschaftsrecht, das Recht der Verträge und Bündnisse, — das Recht des Krieges und Friedens als Hoheitsrechte in Betreff der auswärtigen Angelegenheiten und als Bestandtheile der dem Monarchen zukommenden Repräsentativgewalt angeführt.

Herkommen und Gesetz haben die einzelnen Elemente dieser Repräsentativgewalt in beiden Staaten gleichmässig geordnet; die äusseren Angelegenheiten sind neben dem Heerwesen das Gebiet, auf dem dem persönlichen Willen des Monarchen relativ der freieste Spielraum eingeräumt ist.

Im diplomatischen und völkerrechtlichen Verkehr erscheint die Monarchie als Gesammtstaat, — wegen der Personenidentität des Kaisers und Königs ist es daher nicht möglich, neben einem Gesandten des Gesammtstaates noch einen besonderen Landesgesandten zu beglaubigen.

Die Gesandten des Kaisers und Königs sind rechtlich gemeinsame Beamte, d. h. Organe des einen und des anderen Staates, deren Thätigkeit durch den gemeinsamen Minister des Aeussern geleitet wird. Daraus folgt, dass sich jeder der beiden Staaten durch seine Behörden direkt oder durch Vermittlung des gemeinsamen Ministers des Aeussern der Gesandten zur Vornahme gewisser Verwaltungsgeschäfte z. B. der Zustellung von Erlässen, Ertheilung thatsächlicher Auskünfte, Besorgung der Correspondenz mit ausländischen Behörden bedienen kann. Da die Gesandten ihre Thätigkeit im Auslande, somit ausserhalb des Herrschaftsgebietes der Monarchie entfalten, so können ihnen obrigkeitliche Befugnisse nicht zukommen.

Gleichfalls gemeinsame Beamte sind die zur Vertretung der Handelsinteressen beider Staaten im Auslande bestellten Consuln. Auch sie sind somit Organe des einen wie des anderen Staates, was aus dem Wortlaute des Art. IX. des Gesetzes vom 28. Juni 1878 Nr. 62 R.-G.-Bl. klar hervorgeht, da jeder der beiden Handels-Minister das Recht hat, in Angelegenheiten seines Ressorts mit den Consulen in direkte Correspondenz zu treten und diese verpflichtet sind, die nöthigen Auskünfte zu ertheilen.

Es ist eine Consequenz der dualistischen Gestaltung der Monarchie, dass bei denjenigen Staatsverträgen, welche sich auf die Gesammtmonarchie beziehen, auf Seite der letztern gegenüber dem fremden Staate zwei Kontrahenten erscheinen. Solche Staatsverträge werden von Seiner Majestät dem Kaiser von Oesterreich und Apostolischen König von Ungarn einerseits und dem fremden Staate andererseits abgeschlossen.

Es ist jedoch die Möglichkeit nicht ausgeschlossen, dass nur Einer der beiden Theilstaaten als Contrahent eintritt, aber auch in diesem Falle werden die in Betreff eines solchen internationalen Vertrages nothwendigen Verfügungen zunächst in den Wirkungskreis des gemeinsamen Ministers des Aeussern fallen. Es ist endlich auch möglich, dass zwischen den beiden Theilstaaten Staatsverträge abgeschlossen werden. Solche Vereinbarungen unter den beiden Theilstaaten werden von den beiderseitigen Ressortministern im Namen der beiden Staaten abgeschlossen.

Das Heer ist die organisirte physische Macht des Staates. Militärhoheit ist das Recht der Staatsgewalt, eine bewaffnete Macht zu bilden, zu organisiren, den Oberbefehl über dieselbe zu führen, Vertheidigungsanstalten herzustellen und die zur technischen und ökonomischen Leitung des Heerwesens nöthigen Behörden zu bestellen, zu organisiren und zu instituiren. Diese Rechte hat der Kaiser und König als Staatsoberhaupt eines jeden Theilstaates; allein das Heer als Gesammtmacht hat die Bestimmung, den Gesammtstaat zu schützen. Die äussere Einheit des Heerwesens wird dadurch erreicht, dass der Kaiser und König nach dem Verfassungsrechte der beiden Staaten in Betreff des Heerwesens den relativ freiesten Spielraum besitzt. Aber auch da, wo in Betreff der Militärgewalt in beiden Staaten die Mitwirkung anderer Organe nöthig wird, hat das Verfassungsrecht beiderseits für eine materiell übereinstimmende Willensrichtung beider Staaten vorgesorgt.

Bei Zergliederung der Militärhoheit in ihre einzelnen Elemente ergibt sich folgendes:

a) Die Feststellung des Wehrsystems d. h. die Bestimmung, in welche Bestandtheile die bewaffnete Macht zerfallen soll, ist Gegenstand der Gesetzgebung. Ebenso ist die Bestimmung der Wehrpflicht und des Umfanges der Naturalleistungen in Betreff Verpflegung und Einquartirung der Truppen Gegenstand der Gesetzgebung. Allein diese Gesetze müssen in Betreff des Wehrsystems und der Wehrpflicht in beiden Staaten materiell übereinstimmen. (§ 2 Ges. v. 21. Dezember — § 12, 13 ung. Ges. Art. XII 1867.)

b) Dagegen ist die Leitung, Gliederung und innere Organisation der Armee ein ausschliessliches Majestätsrecht des Kaisers und Königs (§ 5 Ges. 21. Dezember 1867 Nr. 146 und § 11 ung. G. A. XII 1867). In dem Organisationsrechte liegt auch das Recht der Bestimmung der Bezüge der Militärpersonen durch Regulative (Gebührenreglements). Diese Regulativgewalt findet jedoch ihre doppelte Grenze an der Mitwirkung des Reichsrathes und des ungarischen Reichstages bei Bestimmung des zur Bildung und Erneuerung des Heeres jährlich auszuhebenden Rekrutencontingents (§ 11 lit. b R.-G.-G. 21 Dzbr. 1867 über die Reichsvertretung; — § 12 XII G.-A. 1867), dann in dem Budgetrechte der Delegationen und in der Fixirung des Maximalbestandes der Landes- und Seemacht. (§ 11 Wehr-Gesetz.)

Ebenso gehört die Regelung des Pflichtenkreises der Militärpersonen und der Disciplin in der Armee zu den Rechten des höchsten Kriegsherrn. Der Eintritt in das Militärverhältniss begründet für den Einzelnen eine Sonderstellung; der Soldat unterliegt von dem Momente seines Eintrittes in das Militärverhältniss einem Ausnahmsrechte, das sich insbesondere in der Unterstellung der Militärpersonen unter ein besonderes Militärstrafrecht und unter besondere Militärstrafgerichte äussert. (Vgl. Militärstrafgesetzbuch vom 15. Jänner 1855 Nr. 19 R.-G.-Bl., Ges. 20. Mai 1869 Nr. 78 über den Wirkungskreis der Militärgerichte).

c) Dagegen unterliegt die Bestimmung der sich nicht auf die Dienstpflicht beziehenden bürgerlichen und politischen Rechtsverhältnisse der Militärpersonen der Gesetzgebung beider Staaten. Mit Recht wurden daher die Versorgungsansprüche der Personen des stehenden Heeres beiderseits im Wege der Gesetzgebung geregelt. (Vgl. Ges. v. 27. Dezember 1875 Nr. 158 R.-G.-Bl. und 51 G. A. 1875.)

d) Die Verwaltungsbehörden des Heerwesens zeigen insofern einen Dualismus, als das gemeinsame k. und k. Reichskriegsministerium die technisch-militärischen und ökonomischen Angelegenheiten des Heerkörpers verwaltet und die finanziellen Erfordernisse desselben den Delegationen gegenüber, unter Verantwortlichkeit gegenüber denselben und unter Controle durch dieselben, vertritt, während die Landesvertheidigungsministerien die auf Bestand, Erhaltung, Verpflegung und Bequartirung des Heeres sich beziehenden Unterthanspflichten geltend macht.

Ueber das gemeinsame Finanzwesen können wir uns kurz fassen: Gibt es keinen österreichisch-ungarischen Gesammtstaat im Sinne eines beiden Theilstaaten übergeordneten idealen Ganzen, so gibt es auch keinen Reichsfiscus, sondern nur einen österreichischen, und einen ungarischen Fiscus und daneben nach Analogie einer Bundeskassa eine gemeinsame Einnahms- und Ausgabskassa, in welche die eigenen Einnahmen der gemeinsamen Ministerien, dann die Reinerträgnisse des als gemeinsame Einnahme erklärten Zollgefälles beider Staaten und die nach dem Ges. vom 27. Juni 1868 Nr. 61 R.-G.-Bl. zu ermittelnden und zu vertheilenden Matrikularbeiträge beider Staaten einfliessen.

Ebensowenig kann von einer selbstständigen Finanzgewalt und einem Besteuerungsrechte des Reiches die Rede sein.

Das Wesen der Realunion haben wir oben als Gemeinsamkeit gewisser Organe zweier Staaten charakterisirt. In Oesterreich-Ungarn sind diese gemeinsamen Organe der Monarch und die gemeinsamen Minister.

Letztere und die ihnen untergeordneten Verwaltungsbehörden sind nur ein Reflex des gemeinsamen Souverains und sind Minister beider Staaten (vgl. Juraschek Personal- und Realunion S. 117).

Damit ist aber der Kreis der gemeinsamen Organe abgeschlossen. Die Delegationen sind kein gemeinsames Organ, sondern nur relativ selbstständige, durch Instructionen nicht beschränkten Ausschüsse der beiderseitigen Volksvertretungen welche nach dem Verfassungsrechte beider Staaten zur Mitwirkung bei Fassung von Societätsbeschlüssen im Kreise der gemeinsamen Angelegenheiten und zur Controle der gemeinsamen Verwaltung bestellt sind. An und für sich wäre es denkbar, dass die beiden Parlamente selbst die auf Bestimmung der Kosten der gemeinsamen Verwaltung sich beziehenden Beschlüsse fassen und diese Controle selbst ausüben. Allein im Interesse der Geschäftsvereinfachung ist im Verfassungsrechte beider Staaten bestimmt, dass der ungarische Reichstag und der österreichische Reichsrath das ihnen in thesi zustehende Recht der Mitwirkung bei Verwaltung der gemeinsamen Angelegenheiten nicht selbst sondern durch Delegationen ausüben, deren innerhalb ihres festbegrenzten Competenzkreises gefasste Beschlüsse so anzusehen sind, als wenn dieselben von den beiderseitigen Vertretungskörpern selbst gefasst worden wären.

Es liegt in der Natur einer nur aus zwei Theilnehmern bestehenden Societät, dass ein Societätsbeschluss nur durch übereinstimmende Willenserklärung der beiden Mitglieder der

Societät zu Stande kommen kann. Es müssen daher die vom Kaiser und Könige zu sanktionirenden Beschlüsse der beiden Delegationen m a t e r i e l l übereinstimmen. In diesen sanktionirten Delegationsbeschlüssen liegt aber nicht die Willenserklärung eines den beiden Theilstaaten übergeordneten Gesammtstaates, sondern nur die einen Societätsbeschluss konstituirende materiell übereinstimmende Willenserklärung zweier Staaten. Die Bestimmungen des österr. Gesetzes v. 21. Dezember 1867 Nr. 146 R.-G.-Bl. und des XII ung. Gesetzartikel 1865—1867 über den Schriftenwechsel unter den Delegationen und die Anordnung von Plenarsitzungen bei Erfolglosigkeit desselben haben nur den Zweck, diese Uebereinstimmung möglich zu machen.

Insbesondere sind Plenarsitzungen der Delegationen und die gemeinsame Abstimmung nur das Mittel, um zu einem Societätsbeschlusse dadurch zu gelangen, dass der Majoritätsbeschluss des Plenums als beiderseitiger Staatswille hingestellt wird. Dagegen wäre es mit Rücksicht auf die strikte Bestimmung des §. 28 der ung. XII. Ges. Art. 1867 verfehlt, in dem Plenum der Delegationen entweder ein Centralparlament eines beiden Theilstaaten übergeordneten Gesammtstaates — oder mindestens ein gemeinsames Organ der beiden durch Realunion verbundenen Staaten zu erblicken.

Neben dem staatsrechtlichen Verhältnisse von Oesterreich und Ungarn läuft das völkerrechtliche Verhältniss beider Staaten einher. Das Zusammenleben beider Staaten in der Realunion begründet das beiderseitige Interesse an der gleichmässigen Gestaltung gewisser Lebensgebiete. Dieser Interessenkreis ist in §. 2 des öster. Ges. vom 21. Dezember 1867 Nr. 146 und den §§. 58—66 des XII. Ges. Art. 1867 umschrieben.

Es ist jedoch hier auf eine Incongruenz beider Gesetze aufmerksam zu machen. Das österr. Gesetz sagt: Ausserdem s o l l e n nachstehende Angelegenheiten zwar nicht gemeinsam verwaltet jedoch nach gleichen, von Zeit zu Zeit zu vereinbarenden Grundsätzen behandelt werden:

1.) die kommerciellen Angelegenheiten, speziell die Zollgesetzgebung;

2.) die Gesetzgebung über die mit der industriellen Produktion in enger Verbindung stehenden indirekten Abgaben;

3.) die Feststellung des Münzwesens und des Geldfusses;

4.) Verfügungen hinsichtlich jener Eisenbahnlinien, welche das Interesse beider Reichshälften berühren;

5.) die Feststellung des Wehrsystems.

Aus dieser Textirung scheint sich zu ergeben, dass der oesterreichische Staat auf die selbstständig einseitige Regelung dieser Angelegenheiten verzichtet und somit seiner Staatsgewalt selbst gewisse Schranken gezogen hat.

Allein im XII. ung. G. Art. 1867 findet sich im §. 13 bloss bezüglich des Wehrsystems ein strikter Verzicht auf einseitige Regelung; bezüglich der anderen Punkte wird auf das abzuschliessende Zoll- und Handelsbündniss verwiesen.

Kommt dieses Zoll- und Handelsbündniss nicht zu Stande, so nimmt der ungarische Staat das Recht der selbstständigen Regelung dieser Angelegenheiten indirect in Anspruch, wodurch die von der österreichischen Staatsgewalt sich selbst gezogene Schranke von selbst hinfällig wird. Formell besteht somit für die als wünschenswerth hingestellte Gleichartigkeit der Gesetzgebung keine Verfassungsgarantie.

Die zur Vereinbarung der gleichen Grundsätze für die oberwähnten Gebiete in Aussicht genommenen Deputationen der beiderseitigen Volksvertretungen haben bloss den Zweck, die Vereinbarung zu erleichtern und ändern Nichts an dem völkerrechtlichen Character dieser Vereinbarungen (vgl. §. 61 XII G. A. 1867).

III. Es erübrigt noch die gesonderte Betrachtung der rechtlichen Natur eines jeden der beiden unirten Staatskörper. Dem einen mangelt eine gesetzlich fixirte einheitliche Bezeichnung, indem sein Name durch ein Collectivum: „Die im Reichsrathe vertretenen Königreiche und Länder" ausgedrückt wird. Man wird indessen wohl kaum fehlgreifen, wenn man diesen Staatskörper mit dem altehrwürdigen Namen „Oesterreich" bezeichnet.

Der erwähnte Collectivname scheint eher auf eine föderative als eine einheitsstaatliche Organisation hinzudeuten. Es hat den Anschein, als ob die einzelnen stets mit dem zukommenden Titel bezeichneten Königreiche und Länder etwas mehr sind als bloss administrative Bezirke des Staatsganzen, — dass denselben vielmehr eine selbstständige Existenz ja sogar der Charakter von Einzelnstaaten zukomme, aus denen sich der Gesammtstaat als eine über den Theilen stehende Ordnung zusammensetzt.

Für diese Auffassung scheinen mehrfache Momente zu sprechen, als: die Textirung der §§ 1 und 11 des St. G. G. über die Reichsvertretung, welche bei Anerkennung einer gemeinsamen Vertretung, gemeinsamer Interessen und einer gemeinsamen Gesetzgebung dieser Länder indirect eine Sonderexistenz derselben nach diesen Richtungen voraussetzen, — ferner die individuelle Berücksichtigung der Kronländer bei Bildung der Delegation des Reichsrathes (§. 8 Ges. vom 21. Dezember 1867 über die gemeinsamen Angelegenheiten), — endlich aber insbesondere der Umstand, dass jedes Kronland in seinem Landtage ein eigenes zur Mitwirkung bei der Gesetzgebung berufenes Organ besitzt, so dass also hinsichtlich dieser wichtigsten Funktion des Staatslebens zwischen Reich und Land, Reichs- und Landesgesetzgebung unterschieden wird.

Allein es wäre vom Standpunkte des positiven Verfassungsrechtes verfehlt, dieser allerdings in den Wünschen politischer Parteien gelegenen Auffassung Raum zu gönnen. Man wird sich daran zu erinnern haben, dass eine bundesstaatliche Organisation eine Mehrheit von Staatsgewalten voraussetzt, während im Einheitsstaate nur Eine Staatsgewalt vorhanden ist, wobei jedoch eine decentralisirte Organisation des letztern, welche den einzelnen Theilen in Verwaltung und Gesetzgebung eine relative Selbstständigkeit einräumt, vorhanden sein kann. Das Staatsgrundgesetz von 21. Dezember 1867 Nro. 145 über die Ausübung der Regierungs- und Vollzugsgewalt spricht deutlich aus, dass in den im Reichsrathe vertretenen Königreichen und Ländern nur Eine Staatsgewalt wirksam ist, deren Träger der Kaiser ist. Ebenso sind in dem allgemeinen österreichischen Staatsbürgerrecht (Art. I. Ges. vom 21. Dezember 1867) und in dem als einheitliches Ganzes erscheinenden Staatsgebiete (arg. §. 11 lit. a. des Gesetzes über die Reichsvertretung) Elemente des Einheitsstaates rechtlich gegeben.

Die weitere Structur des österreichischen Staatskörpers bewegt sich allerdings in der Richtung der staatsrechtlichen Decentralisation. Die Kronländer sind relativ selbstständige Theile des Ganzen.

Diese Selbstständigkeit zeigt sich zunächst in der Anerkennung der Kronländer als Selbstverwaltungskörper zur Vollziehung örtlich begrenzter staatlicher Aufgaben nach Massgabe der Gesetze und unter Controlle der Staatsgewalt durch eigene wirthschaftliche Mittel. Die Funktion der Kronländer als Selbstverwaltungskörper ist eine dreifache. Die Kronländer sind zunächst **selbstständige Finanzkörper** mit selbstständigem Vermögen und Einkommen. Vermögen und Einkommen setzen sich zusammen aus dem wirthschaftlichen Besitze und den Gefällen der früheren Stände (Domestikalfond), aus den seiner Entstehung und Widmung nach ein Eigenthum des Landes bildenden Fonden und aus den Landessteuern, welche bei Unzuzureichenheit der Erträgnisse des Stammvermögens in der Form von Umlagen zu den directen Staatssteuern bis zur Höhe von 10% durch autonomen Landtagsbeschluss, in einem höheren Betrage oder in einer anderen Form dagegen mit kaiserlicher Genehmigung erhoben werden können. Mit Hilfe dieses Einkommens entfaltet das Land seine Verwaltungsthätigkeit, vornehmlich im Gebiete der **inneren** Verwaltung zur Befriedigung der Collectivbedürfnisse seines Verbandes, durch Errichtung und Verwaltung selbstständiger Landesanstalten im Gebiete des Gesundheitswesens, des Unterrichtes, der Kunst, Wissenschaft und gesellschaftlichen Hilfe, — durch öffentliche Bauten z. B. Strassenbauten, Flusscorrectionen, dann durch Concurrenz bei den vom Staate oder einem anderen Verwaltungskörper unterhaltenen Anstalten, woraus dem Lande das Recht der Aufsicht, der Organisation und der Erlassung von Reglements hinsichtlich dieser Anstalten und Einrichtungen zukommt. Endlich überlässt der Staat dem Lande **obrigkeitliche** Funktionen, insbesondere die Oberaufsicht über die Selbstverwaltungskörper der Gemeinde und des Bezirkes (§. 23

L. O.) und einen Theil der Verwaltungsjustiz, indem der Landesausschuss im Instanzenzuge in Sachen der Selbstverwaltung über Beschlüsse der Selbstverwaltungskörper niederer Ordnung (Gemeinden, Bezirke) entscheidet.

Das den Kronländern als Selbstverwaltungskörpern eingeräumte Recht, über Verwendung der Einnahmen, über System und Mass der Zwangsbeiträge, über Verwaltungsreglements selbständig zu entscheiden, bildet die A u t o n o m i e derselben. Dieser Autonomie und Selbstverwaltung gegenüber übt die Staatsgewalt eine doppelte Controlle. Zunächst übt sie eine p o l i t i s c h e Controlle zur Abwehr einer dem allgemeinen Wohle des Staates schädlichen oder gefährlichen Thätigkeit, daher sie von den Beschlüssen der Organe Kenntniss nimmt (vrgl. z. B. §. 40 L. O.), die dem öffentlichen Wohle oder den bestehenden Gesetzen zuwiderlaufenden Beschlüsse sistiren und vernichten (§. 42 L. O) und den Landtag als Organ des Landes auflösen kann. Sodann übt die Staatsgewalt durch den Verwaltungsgerichtshof der Landesverwaltung gegenüber eine R e c h t s c o n t r o l l e, welche über Klage des in seinen Rechten verletzten Theiles die die rechtlichen Schranken überschreitenden Entscheidungen und Verfügungen der Landesverwaltung aufhebt (§ 2 Ges. v. 22. Oktober 1875).

Andererseits steht wieder dem Lande der Rechtsschutz durch das Reichsgericht zur Seite, dass nicht der gesetzliche Wirkungskreis desselben durch in denselben eingreifenden Verfügungen und Entscheidungen der Regierungbehörden beeinträchtigt werde (Art. II lit. b. Ges. über das Reichsgericht).

In einer zweiten Richtung zeigt sich die Selbstständigkeit der Kronländer in der Organisation der Volksvertretung. Neben dem Reichsrathe, der zur Mitwirkung bei der Gesetzgebung in der im §. 11 St. G. G. über Reichsvertretung aufgezählten materiellen Richtungen, dann zur Mitwirkung bei gewissen wichtigen Verwaltungsgeschäften, als der Feststellung des jährlichen Staatsvoranschlages, der Veräuserung, Umwandlung und Belastung des unbeweglichen Staatsvermögens, der Aufnahme neuer und Convertirung bestehender Staatsschulden, der jährlichen Bewilligung der auszuhebenden Mannschaft, endlich zur politischen Kontrolle der gesammten Regierungsthätigkeit berechtigt ist, ist in jedem Kronlande der Landtag zur Mitwirkung bei Ausübung der gesetzgebenden Gewalt d. i. zur Erlassung von für das einzelne Kronland allein geltenden Rechtsnormen in Betreff aller nicht dem Reichsrathe ausdrücklich zugewiesener Objekte berufen.

IV. Der Organismus der Länder der **ungarischen Krone** gliedert sich historisch in vier Bestandtheile:
  a. das Königreich Ungarn
  b. das Grossfürstenthum Siebenbürgen
  c. die Königreiche Kroatien und Slavonien
  d. die Militärgrenze.

Siebenbürgen wurde durch den 1848 I. Klausenburger und VII. Pressburger 1848er Gesetzartikel, beziehungsweise den Gesetzartikel XLIII. 1868 in Ungarn incorporirt. Aus dem Titel Seiner Majestät des Königs von Ungarn als Grossfürst Siebenbürgens und Graf der Szekler kann zum Nachtheile der gesetzlichen Einheit Ungarns und Siebenbürgens keinerlei Folgerung hergeleitet werden (§ 17. G. A. XLIII. 1868). Der XII. ung. G. A. 1876 verfügt die Auftheilung des fundus regius unter die Jurisdictionsbezirke und hebt die in Betreff derselben in administrativer Beziehung bestehenden Ausnahmen auf. Das Amt eines Sachsen-Comes erlischt und dieser Titel übergeht auf den Obergespan des Hermannstädter Comitats als Präses der Generalversammlung der sächsischen Universität.

Der Wirkungskreis der sächsischen Universität wird auf Unterrichtsangelegenheiten beschränkt und wird demselben als Selbstverwaltungskörper die Verfügung über das Universitätsvermögen, über die Verwendung der verwalteten Stiftungen zu den diessbezüglich bestimmten Zwecken und die Ueberwachung dieser Stiftungen belassen.

Das staatsrechtliche Verhältniss zwischen Ungarn und Croatien-Slavonien lässt sich als unio realis inaequalis bezeichnen.

Das staatsrechtliche Verhältniss Croatiens und Slavoniens, die von ungarischen Staatsrechtslehren partes adnexae Ungarns genannt werden, beruht auf dem XXX. G. A. 1868 und dem XXXIV. G. A. 1873. Ungarn und Croatien-Slavonien bilden eine und dieselbe staatliche Gemeinschaft. Aus dieser Gemeinschaft und Zusammengehörigkeit folgt, dass der König von Ungarn und von Kroatien-Slavonien mit einer und derselben Krone und mittelst eines und desselben Krönungsactes gekrönt wird. Die Realunion bezieht sich in Gesetzgebung und Verwaltung auf das Wehrsystem und Verfügungen hinsichtlich der Verpflegung und Dislocirung der Truppen, das Finanzwesen, einen grossen Theil der Volkswirthschaftspflege, das Gewerbe, Vereinspostwesen, die Fremdenpolizei und Naturalisirung. In allen diesen Angelegenheiten sind die Organe beiden Staaten gemeinsam oder richtiger die Verwaltung wird von den ungarischen Ministerien und den von denselben abhängigen Verwaltungsbehörden geführt; zur Gesetzgebung in diesen Angelegenheiten ist der gemeinschaftliche Reichstag der Länder der ungarischen Krone berufen, an den 34 vom kroatischen Landtage aus seinen eigenen Mitgliedern in das Repräsentantenhaus und zwei von dem Landtage in das Oberhaus entsendeten Mitglieder, dann in dem Oberhause die Magnaten und jene weltlichen und kirchlichen Würdenträger, die bereits vor dem Jahre 1848 daselbst Sitze und Stimme hatten, Theil nehmen. Symbole der Realunion sind: die vereinigten Wappen Ungarns und Croatiens, Slavoniens und Dalmatiens; — die Aufhissung der vereinigten kroatisch-slavonisch-dalmatinischen Flagge auf dem Reichstagsgebäude neben der ungarischen bei Verhandlung über die gemeinsamen Angelegenheiten und die Beifügung des Königstitels von Croatien, Slavonien und Dalmatien auf den von den Ländern der ungarischen Krone zu prägenden Münzen. —

In allen übrigen Angelegenheiten besitzt Kroatien-Slavonien **Autonomie** d. h. eine selbstständige Landesregierung, eine selbstständige Verwaltung und Gesetzgebung. Dieses Erforderniss der inneren Verwaltung Kroatiens und Slavoniens wird durch 45% der reinen Staatseinnahmen aus diesen Ländern gedeckt.

In der **Militärgrenze**, soweit dieselbe nicht durch die Patente vom 8. Juni 1871 und 9. Juni 1872 provinzialisirt ist, übt der Kaiser und König als oberster Kriegsherr eine absolute Gewalt aus. Die staatsrechtliche Stellung dieses Gebietes wird einer besonderen Abhandlung vorbehalten.

Anhang.

Sanctio Pragmatica, Ueber die Erbfolge des durchlauchtigsten Hauses Oesterreich. (Aus dem Codex austriacus III. Th. S. 683.)

(Protocoll hierüber vom 19. April 1713.)

Ihre kaiserliche Majestät haben auf den 19. April 1713 um 10 Uhr allen Dero allhier in Wien anwesenden geheimen Räthen, an dem gewönlichen Ort zu erscheinen, ansagen lassen. Als nun die bestimmte Stunde herbeigekommen, haben sich Ihre kaiserliche Majestät in Dero geheime Raths Stube, unter den Baldachin begeben, und vor den gewöhnlichen Kaiserlichen Tisch gestellet, darauf auch Dero geheime Räthe und Ministros hinein berufen, diese seind in ihrer Ordnung eingetreten, und jeder an seinem Ort stehen geblieben. Als: (folgt die Aufzählung der Anwesenden).

Nachdem nun alle gemeldete geheime Räthe und Ministri beisammen waren, haben Ihro Kaiserliche Majestät vormeldet: Dass die Ursache und Zweck dieser Berufung Ihrer Dero geheimen Räthe und Ministrorum wäre, ihnen zu erkennen zu geben, dass von, und zwischen weiland Ihrer in Gott ruhenden gnädig- und hochgeehrtesten Herrn Vaters, Kaisers Leopoldi, und geliebtesten Herrn Bruders, damals Römischen Königs und nachgehends auch Römischen Kaisers, Josephi, Majestäten und Liebden, glorwürdigster Gedächtniss, und dann Ihro Kaiserlichen Majestät, als damals declarirten König in Hispanien, gewisse Dispositionen, Ordnung und Pacta successoria errichtet, und in Gegenwart verschiedener Kaiserlicher geheimer Räthe und Ministrorum allerseits beschworen worden.

Weilen aber von denenselben Räthen und Ministris, wenige mehr beim Leben sich befänden, so hätten Ihro Kaiserliche Majestät der Nothdurft erachtet, ihnen anwesenden geheimen Räthen und Ministris, nicht allein obige Anzeige zu thun, sondern auch gemeldete Satzung und Pacta selbsten kund zu machen, und vorlesen zu lassen; wie dann Ihro Kaiserliche Majestät solche Ablesung Ihrem Hof-Kanzler, Grafen von Seilern, stracks allergnädigst anbefohlen haben.

Solchem nach hat derselbe aus dem bei handen gehabten

Königlich Spanischen, von damahls Königlichen, nunmehro auch
Kaiserlichen Majestät unterschriebenen, und mit Ihrem anhangenden Königlichen Insiegel bekräftigten Original Acceptions-Instrument, den Spanischen Eingang, folglich auch Kaisers
Leopoldi, und Römischen Königs Josephi, unterschriebenen,
und mit anhangenden zweifachen Kaiser und Königlichen Insiegeln bestätigten Successions-Insrument, den völligen Inhalt
von Anfang bis zu Ende, sammt dem beigefügten notariatischen
Anhang: endlich wiederum aus dem Königlich Spanischen Instrument, die Annehm- und Ihrer seitige Verbindung, bis zu
Ende ebenmässig mit dem notariatischen Anhang, laut und
deutlich abgelesen, welche Insrumenta datiret seind Wien
den 12. September 1703. (Ein lateinisches Exemplar dieser
Successionsakte findet sich im Codex austriacus III. Theil,
Seite 452.)

Nachdem dieses also geschehen, haben Ihro Kaiserliche
Majestät hauptsächlichen Inhalts weiters vermeldet: Es sei aus
denen abgelesenen Instrumentis, die richtige und beschworene
Disposition, und das ewige Pactum mutuae successionis, zwischen beeden Joseph- und Karolinischen Linien, zu vernehmen
gewesen, dass dahero nebenst, und zu denen von Wailand Ihro
Kaiserlichen Majestät Leopoldo und Josepho höchstseeligster
Gedächtniss, Ihrer Kaiserlichen Majestät übertragenen Erbkönigreiche und Länder, nunmehro nach Absterben weiland
ihres Herrn Bruders Majestät und Liebden, ohne männliche
Erben, auf Ihre Kaiserliche Majestät, auch alle dessen hinterlassene Erb-Königreiche und Lande gefallen, und sämmtlich
bei Ihren ehelichen Männlichen Leibes-Erben, nach dem Jure
primogeniturae, so lang solche vorhanden, unzertheilt zu verbleiben haben. Auf Ihres Männlichen Stammes Abgang aber,
so Gott gnädiglich abwenden wolle, auf die Ehelich hinterlassende
Töchter, allzeit nach Ordnung und Recht der primogenitur,
gleichmässig unzertheilt kommen; ferners, in Ermangelung oder
Abgang der von Ihrer Kaiserlichen Majestät herstammender
aller Ehelichen Descendenten, Mann- und Weiblichen
Geschlechtes, dieses Erb-Recht aller Erb-Königreich und Lande, unzertheilter auf Ihro Majestät
Herrn Bruders Josephi Kaiserlicher Majestät und Liebden,

seeligster Gedächtniss, nachgelassene Frau Tochter, und deren Eheliche Descendenten, wiederum auf obige Weise nach dem Jure primogeniturae, fallen, eben nach diesem Recht und Ordnung auch ihnen Frauen Ertz-Herzoginen, all andere Vorzüg , und Vorgänge, gegenwärtig zustehen und gedeien müssten.

Alles in dem Verstand, dass nach beenden, der jezt regierenden Carolinischen, und nachfolgender in dem weiblichen Geschlecht hinterlassenen Josephinischen Linien, Ihrer Kaiserlichen Majestät Frau Schwestern, und allen übrigen Linien des Durchlauchtigsten Ertz-Hauses, nach dem Recht der Erst-Geburt, in ihrer daher entspringenden Ordnung, jedes Erb-Recht, und was dem anklebet, gebühre, allerdings bevorbleibe, und bevorbehalten sei.

Um Willen nun diese immerwährende Satzung, Ordnung und Pacta, zu Ehre Gottes, und Conservation aller Erb-Lande, angesehen, erreichet, und nächst, und sammt weiland ihres Herrn Vaters und Herrn Bruders Majestät und Liebden, von Ihrer Kaiserlichen Majestät durch leiblichen Eid-Schwur bekräftiget worden: so würden so wohl Ihre Kaiserliche Majestät darob beständig halten, als Ihre Majestät zu ihnen geheimden Räthen und Ministris sich mildest vorsähen, dieselbe auch gnädigst ermahneten, und ihnen befehlten, dass nicht minder sie solche Pacta und Verordnungen vollkommentlich zu beobachten, zu erhalten, und zu verthädigen, gedacht und beflissen sein sollten, und werden; wie dann Ihre Kaiserliche Majestät, zu diesem Ende, Sie geheime Räthe und Ministros, in diesem Fall ferners des vinculi silentii entlassen haben wollten. Wornach Ihre Kaiserliche Majestät, und folgend die Herrn geheime Räthe und Ministri, abgetreten seind.

Das obiges alles also vorgegangen, und verhandelt worden, bezeuge mit meiner eigenen Hand Unterschrifft, und gewöhnlichem Petschaft.

Wien, den 19. April 1713.

Ich Georg Friedrich von Schickh.

II. *Annahme des östereichischen Kaisertitels.*
(Kais. Pat. v. 11. August 1804. Pol. G. S. XXII. Bd. Nr. 20.)

Obschon Wir durch göttliche Fügung und die Wahl der Kurfürsten des römisch-deutschen Reiches zu einer Würde gediehen sind, welche Uns für Unsere Person keinen Zuwachs an Titel und Ansehen zu wünschen übrig lässt, so muss doch Unsere Sorgfalt als Regent des Hauses und der Monarchie von Oesterreich dahin gerichtet sein, dass jene vollkommene Gleichheit des Titels und der erblichen Würde mit den vorzüglichsten europäischen Regenten und Mächten aufrecht erhalten und behauptet werde, welche den Souveränen Oesterreichs sowohl in Hinsicht des uralten Glanzes Ihres Erzhauses, als vermöge der Grösse und Bevölkerung Ihrer, so beträchtliche Königreiche und unabhängige Fürstenthümer in sich fassenden Staat gebührt, und durch völkerrechtliche Ausübung oder Tractate versichert ist.

Wir sehen Uns demnach zur dauerhaften Befestigung dieser vollkommenen Rangsgleichheit veranlasst und berechtigt, nach den Beispielen, welche in dem vorigen Jahrhundert der russisch-kaiserliche Hof, und nunmehr auch der neue Beherrscher Frankreichs gegeben hat, dem Hause von Oesterreich, in Rücksicht auf dessen unabhängige Staaten, den erblichen Kaisertitel ebenfalls beizulegen.

In Gemässheit dessen haben Wir nach gepflogener reiflicher Ueberlegung beschlossen, für Uns und Unsere Nachfolger in dem unzertrennlichen Besitz Unserer unabhängigen Königreiche und Staaten den Titel und die Würde eines erblichen Kaisers von Oesterreich (als den Namen Unseres Erzhauses) dergestallt feierlichst anzunehmen und festzusetzen, dass Unsere sämmtlichen Königreiche, Fürstenthümer und Provinzen ihre bisherigen Titel, Verfassungen, Vorrechte und Verhältnisse fernerhin unverändert beibehalten sollen.

Zu Folge dieser Unserer allerhöchsten Entschliessung und Erklärung verordnen Wir: 1. dass unmittelbar nach Unserem Titel eines erwählten römisch-deutschen Kaisers jener eines erblichen Kaisers von Oesterreich eingeschaltet werde.

2. Soll allen, sowohl Unseren Descendenten beiderlei Ge-

schlechts, als jenen unserer Nachfolger in der Regentschaft des Erzhauses, der Titel von kais. königl. Prinzen und Prinzessinnen, nebst jenem von Erzherzogen und Erzherzoginnen von Oesterreich, dann von k. k. Hoheiten beigelegt werden.

3. Gleichwie aber alle Unsere Königreiche und andere Staaten vorbesagter Massen in ihren bisherigen Benennungen und Zuständen ungeschmälert zu verbleiben haben, so ist solches insonderheit von Unserem Königreiche Ungarn und den damit vereinigten Landen, dann von denjenigen Unserer Erbstaaten, welche bisher mit dem römisch-deutschen Reiche in unmittelbarem Verbande gestanden sind, und auch in Zukunft die nämlichen Verhältnisse mit demselben, in Gemässheit der von Unseren Vorfahren im römisch-deutschen Kaiserthume und Unserem Erzhause ertheilten Privilegien, beibehalten sollen, zu verstehen.

4. Wir halten Unsern weiteren Entschliessungen die Bestimmung derjenigen Feierlichkeiten bevor, welche Wir für Uns und Unsere Nachfolger in Ansehung der Krönung als erbliche Kaiser festzusetzen für gut finden werden; jedoch soll es bei denjenigen Krönungen, welche Wir und Unsere Vorfahren als Könige von Ungaren und Böhmen empfangen haben, ohne Abänderung in Zukunft verbleiben.